ヤングでは終わらない ヤングケアラー

きょうだいヤングケアラーのライフステージと葛藤

仲田　海人
木村　諭志　編著
Kaito Nakata
Satoshi Kimura

クリエイツかもがわ
CREATES KAMOGAWA

はじめに

神戸市では2020（令和2）年10月に元ヤングケアラーである22歳の女性による祖母殺害事件が発生しました。女性は神戸地裁で、同居していた祖母（当時90歳）の殺害を認め、「介護で寝られず、限界だった」と語っていました。この事件は日本におけるヤングケアラーのおかれた危機的状況を世間に示しました。

「ヤングケアラー」とは、家族の誰かの介護・ケアを担う18歳未満の子どもを指します。「ケアラー」とは、年齢の区分なくケアを担う人全体を指して使われます。

いったい、ヤングケアラーは、家族の誰をどのようにケアしているのでしょうか。一般社団法人日本ケアラー連盟「ヤングケアラープロジェクト」によれば、ケアの内容として、

「家計を支えるために労働をしている（経済的支援）」
「日本語が第一言語ではない家族の通訳をしている（意思疎通支援）」
「目の離せない家族の見守りや声掛けなど気遣いをしている（見守り支援）」
「家族に代わり、買い物・料理・掃除・洗濯などの家事をしている（家事支援）」
「家族の代わりに幼い兄弟の世話をしている（子育て支援）」
「アルコール・薬物・ギャンブルなどの問題のある家族に対応している（トラブル解決支援）」

「慢性的な病気の家族の看病をしている（治療支援）」

「入浴やトイレの介護をしている（デリケート支援）」

「身の回りの支援（生活支援）」

「障がいのあるきょうだいの世話や見守り支援（きょうだい支援）」

など、さまざまな状況があります。

トラブル解決支援

経済的支援

治療支援

意思疎通支援

デリケート支援

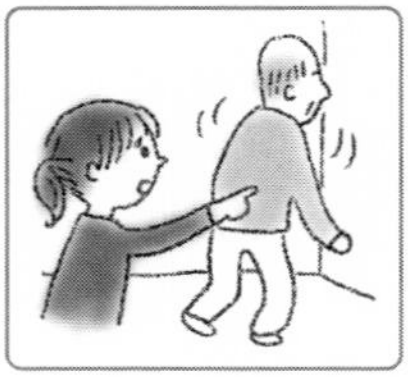
見守り支援

生活支援

家事支援

きょうだい支援

子育て支援

日本ケアラー連盟のイラストを参考に作成

日本のマスメディアでは、ヤングケアラーを経て18歳以降にケアを担う人を「元ヤングケアラー」などと表現されることもあります。しかし、18歳になったからと言って、ケアは決して軽減することはありません。18歳になって、劇的になんらかの社会的サポートにつながれば話は別ですが。

本来は大人や専門職が担うような家族の介護や世話をせざるを得ず、子どもとしての育ちや教育の機会を失っていると言えるでしょう。

ケアラーに関して、イギリスでは早期に取り組みが始まっています。１９６７年に条件付きでケアラーに対する年金保険料の免除処置の制度が始まり、介護手当が制度化されていきました。１９８６年にはケアラーに関する地方自治体の義務を定めた法律が成立しました。これにより、１９８８年に「コミュニティケアに関するグリフィス報告」という形で実態調査が行われました。日本では、２０００年代になり、ようやく研究や実態調査が始まり、社会問題として扱われるようになってきました。

冒頭のヤングケアラーの例示では、障がいのある本人のことも「きょうだい」と書かれていますが、ここからは、区別して話を進めていくために、障がい児・者を「当事者」、その当事者をケアしている兄弟姉妹を「きょうだい」と表記していきます。私は、統合失調症の姉の世話をしていた「きょうだいヤングケアラー」でした。現在は作業療法士になり、きょうだい会を運営しています。

本書では、「障がいを理由に世話をしている」きょうだいに着目しています。さらにひとくくりに「きょうだいヤングケアラー」と言っても、障害の種類、生まれつきか中途障害か、兄姉なのか、弟妹なのか、実に状況はさまざまです。実際のきょうだいの体験談を主体的な視点と簡単な解説とで、まずは、その実際を知っていただきたく思います。

プロローグ「ヤングでは終わらないヤングケアラー――ヤングケアラー体験、作業療法士の視点から」では、精神疾患の当事者のいる私の経験を書きました。例えば精神障害の場合は「親に代わって服薬管理」「親・当事者への細かい気遣いや深夜の相談対応」「興奮時、包丁を持ち出しての警察の対応」など、障がいの特性に応じて家庭でも特殊なケアの実情がありました。そして、作業療法士として、作業療法や環境調整、メンタルヘルスの視点を中心に、ヤングケアラーについて語っていきます。

さらに同じくきょうだいヤングケアラーゆえに、看護師になった共編著者の木村諭志による看護や精神分析、家族支援の視点を踏まえつつ、家族のケア状況の実態、医療・福祉・制度の支援の側面からもきょうだいヤングケアラーの現状とこれからについて分析します。

私たち二人の、きょうだいであり、専門家である視点を活かして、実際のデータをもとに一歩踏み込んだ視点で語ってみたいと思います。また、国や研究機関、地方自治体が行ってきたヤングケアラーの実態調査や取り組みからの客観的な報告やデータの双方の視点から考えてみたいと思います。

さて、本書で触れるきょうだいは、ケアラー全体において、どれくらいいるのでしょうか。日本の報道では、ヤングケアラーに関して、「介護」という言葉から連想されるように、親の介護や祖父母の介護を取り上げられることが多いのですが、２０２０年12月に行われた国の調査結果によると、幼い兄弟姉妹の世話をすることが最も割合として多いという報告がありました。かつての日本社会では一家庭の子どもの数が多く、兄弟姉妹が互いに支え合いながら家族は成立してきたかもしれません。少子高齢化・核家族化、そして夫婦共働き化が進む現代においては、子どもがケアを担う状況は、かつてより家族の単位・人数が小さくなり関わる人間が少なくなっているでしょう。

さらに障がいによるケアが必要な状況になると、複雑化しケアの求められる内容もそれぞれ個別性が高まっていきます。障がいを理由に当事者のケアをしている場合は、多い順に「発達障害」「知的障害」「身体障害」「精神障害」です。「家庭内でパニックになり暴れているきょうだいを制止している（見守りや世話）」「他者に特別な目で見られている当事者を守ろうとする」や、精神障害では「親に代わっての服薬管理」「親・当事者への細かい気遣いや深夜の相談対応」が主になり、実際のケアの状況をイメージすることも困難かもしれません。こうした、障がいを背景としたきょうだいのケアの割合は、複数回答にて中学校で約25％、全日制高校で約17％、定時制高校で約30％、通信制高校で約43％と進学先によってばらつきのある報告がありました。

このような障害を背景としたきょうだいヤングケアラーは、ヤングケアラーの年齢でなくなっても、ケアをする状況は続くことになります。

こうして、私たち「きょうだい」は、一生、兄姉弟妹と付き合っていきます。親から託されたその責任や役割は自分が育った家庭から、新しくつくった家庭まで引き継がれていきます。

本書では、親や障がいのある兄弟姉妹とともに幼少期から育った家庭を「原家族」、きょうだいが成長し、結婚し新しく築いた家庭を「新家族」と表現します。ケアを担う兄弟姉妹を「きょうだい」、障がいを抱える人を「当事者」と分けて表現し、ヤングケアラーとケアラーを分けて「きょうだいヤングケアラー」「きょうだいケアラー」と表現します。

このような私たちきょうだいを取り巻く長くて多様な環境を整理し、考えていくための一助に本書がなることを願っています。

2021年9月

編著者を代表して　仲田海人

本書に登場するきょうだいヤングケアラー

発達障害

家で癇癪を起こして、それを制止・対応している

マイルールやこだわりの強さからきょうだいが我慢をしている

知的障害

当事者へのいじめに対してかばう・守る

生活の身の回りの世話

本書に登場するきょうだいヤングケアラー

身体障害

きょうだい同士で食事介助をしている

病院の待合室で中に入れず寂しい想いをしている

精神障害

服薬の管理・見守り

家に警察を呼んで混乱の状況

CONTENTS

Part 2

Part 3 ヤングケアラーへの調査動向と支援の取り組み　71

Part 4 きょうだいヤングケアラー支援をすすめるために　141

PROLOGUE

ヤングでは終わらないヤングケアラー

ヤングケアラー体験、作業療法士の視点から

尊敬するお姉ちゃんが統合失調症に――中学生

「お姉ちゃんと一緒にバスに乗って幼稚園に行くー」。幼稚園に入った3歳上のお姉ちゃんと一緒に幼稚園に行きたくて、「なぜ、ぼくは、幼稚園バスに乗れないの」と、母に泣きながら訴えていた弟の「ぼく」。母は、姉の持っている幼稚園バックと同じ黄色いバックを買って、幼稚園に入るまでは凌いでいたとか。弟の私は、いつもお姉ちゃんの背中を見てはやく大人になりたくて背伸びをしていました。姉の失敗や成功などをそばで観察しながら、ちゃっかりと末っ子の賢さも備わっていきました。

小学生になると、よくプリントを忘れたり、お道具箱の中をぐちゃぐちゃにしたりしていた「ぼく」のそんな様子を知った姉は、友達を引き連れて、教室に様子を見に来てくれたり、片付けを手伝ってくれたりしました。お姉ちゃんを友達に見てもらって、恥ずかしいけど、誇らしいような気

持ちでした。そんな、だらしない弟と真面目すぎるくらいのしっかり者の姉、私にとっては自慢の姉でした。

しかし、姉はいじめがきっかけで統合失調症を発症し、それからどんどん自尊心が削れていくのがわかりました。当時の私は、それまでの尊大な姉を忘れられず、病人扱いすることもできず、話を聞くことで、それまでのお姉ちゃんに戻ってくれると信じて、何度も夜遅くまで話をし、時には泣きながら「大丈夫だよ」と言いました。しかし、現実は非情で、無知な小学生・中学生の私が話を聞いたところで、姉の症状は改善することはありませんでした。

姉は発症を境に急に変わっていってしまいました。尊敬する大きな存在だった姉がどんどん小さな存在になってしまうような、私からすると身近な指標になっていた存在が遠のいていくような喪失感でした。

そして、突然、「きょうだい」、そして「ヤングケアラー」としての生活が始まりました。

私が家に帰ると、姉が包丁を持ち出して暴れていることもありました。激しい親子喧嘩によって、110番通報、何度も警察が家に来ました。昼夜逆転の姉は、夜中に不安になって、隣の部屋で寝ている私を何度も起こし、話し相手にさせることが、深夜まで続きました。私は寝不足のまま学校へ行っていました。姉の昼夜逆転に巻き込まれた学生生活でした。そうした生活リズムの乱れや心理的ストレスから、私の学生時代は眠気や頭痛に悩み、遅刻や早退することも多かったです。

先生にSOSを出すも困惑、スクールカウンセラーに

高校生になってもこんな生活は続きました。家庭状況を心配して、遅刻、早退する私に気づかってやさしくしてくれる先生もいましたが、思春期の私は、その同情の気持ちが逆につらく感じてしまうこともありました。クラスでも疎外感を強く感じつつ、家族の状況を理由に、あらゆることを悲観的に捉えてしまう状況が続いていました。それでもなんとかまあまあの成績を保っていました。漠然と理系の○○学部に進みたいという気持ちはありましたが、いざ大学受験を考えはじめたとき、将来の不安と状況に耐えかね、身近な大人である学校の先生にやっとの思いでSOSを出し、相談しました。しかし、その先生は困惑していました。先生には荷が重かったのか、経験がなかったのかはわかりませんが、対応が難しかったのでしょう。その後にスクールカウンセラーを紹介されました。

同級生の目に屈辱と絶望感

先生に紹介されたスクールカウンセラーにわが家の状況を話すと、「私は君の心の整理のお手伝

いはできても、君の家庭には何もしてあげられない」と言われ、目の前で涙を流し苦しそうな顔をしていたのを覚えています。私がスクールカウンセラーに話を聞いてもらうときには、授業を休み、日中クラスを抜け出してかなければなりませんでした。詳細は知らずとも、授業中抜け出すことは同級生に「問題あり」という目でみられるため、屈辱的な思いでした。そんな思いで話をしに行った上にどうにもならなかった絶望感は強烈で、今でも覚えています。その後は何もなく、そこで私の学校でのSOS発信は終了してしまいました。

「きょうだい」としては認められたが、解決方法はなく

その後、話す人がおらず、心の整理がつかな

かったため、姉自身がつながっている相談支援専門員に両親を通じて「相談にのってほしい」とお願いをしました。すると、すぐに特別に時間をつくってもらうことができ、高校2年生の時の学校帰りにはじめて、きょうだいとしての現状と将来に対する正直な焦りや不安を家族の支援に携わる人に話すことができました。その時、「きょうだい」としての存在を直に、第三者の大人に認められた感覚でした。希望が見えた瞬間でもありましたが家に帰ると現実が待っていました。栃木県の地方にはわが家の課題を解決できる福祉などの方法はありませんでした。

医療や福祉を学び、動かなければ…

それから、「自分で医療や福祉について学び、動かなければわが家の状況は前進しない」と考えた私は、医療、福祉関係の仕事について調べました。そして、リハリビテーションの考え方に共感し、作業療法を学ぶため大学へ進学、社会人になってから両親の代わりに姉の保護者として動くことになりました。大学生、新社会人の私に対して、姉の直接的に支援に携わる人から当たり前のように「弟さんが将来、入院費を払っていくんですよね」「一緒に住むことはできないか」と親役割を求められることもありました。

埼玉県の大学に進学し、希望通りの作業療法士の試験にも合格することができました。作業療法士としてのさまざまな就労の選択肢はありましたが、親役割を担っていた私に地元に帰る以外の選択肢はありませんでした。地元である栃木県に就職しながら、親代わりに姉のグループホームを広い範囲で探す生活が始まりました。

知識をたくわえ、動き出しましたが、あらゆるところに相談しても地方では、家以外の選択肢を探そうとしても、グループホームや訪問看護ステーションなどのサポートのついた生活の支援の場が足りません。福祉機関につながることも限定的であるため「精神科病院に長期入院」か、「実家での在宅療養」かの二択しかないような状況でした。私が親役割を担うまで、両親は姉が在宅に戻っても、孤立し孤独感から再発する姉の打開策を見出せずに長い入院生活

を選択していました。

今思い返せば、10代の私が強い責任感を感じたのは、家族の将来を想像すると両親がいくら奮闘しても、姉が入院生活から抜け出すことができない状況や地域で支援につながることができず孤立し、再発を繰り返す構図が理解できたからだと思います。ヤングケアラーの私にとって長いトンネルを歩きながら、その先にまったく光が見えない感覚で、解決しない状況は大きなストレッサーになっていたのだと思います。

まさに、きょうだいにとってはヤングで終わらない問題なのです。18歳になったからといって、どこかの誰かが、わが家の問題を代わりに解決してくれることはないのです。

ボランティアに参加し、多様な生き方に触れ感動

中学生や高校生の頃、家庭に居場所を見出せなかった私の逃げ場所になったのは地域でした。居場所がなくふらふらしていた私に中学校の先生が声をかけてくれました。「内申書に書けるから」というまい誘い文句で地域の社会福祉協議会のボランティアに参加することになりました。そうして、地域のお祭りや音楽祭などの行事の手伝い、高齢者施設での認知症の人との出会いや児童クラブでの小学生との出会い、東日本大震災をきっかけに自主避難をしてきた方々へのボラン

ティアなどに参加することで社会とのたくさんの接点をもたせてもらいました。

そうしたボランティアを通じ、多様な人の人生を知ることができ、それまで生きてきた学校と家庭の世界の狭さを実感しました。作業療法士になろうと思ったのは、正直ヤングケアラーであったことも一要因でしたが、こうした人の人生の多様さ、豊かさに触れたことによる感動の経験とリハビリを通して人と向き合う仕事に共通の魅力を感じたことの影響が大きかったと思います。

家を離れ、作業療法を学ぶ中で客観的に家庭をみる

作業療法士を目指し、進学をきっかけに家を離れ、地元である栃木県から大学のある埼玉県に移り住むのですが、家族と物理的な距離を取れた私は、少し現実から離れたことで自分の時間をつくることができ、その間にたくさんの経験をすることができました。はじめて一人暮らしをした夜の静けさに、家族から離れたにも関わらず私は不思議と安心と幸せを感じていました。当初、極端に視野が狭くなっていたのですが、作業療法を学ぶ中でもさまざまな人との出会いとそれぞれの人生や立場や経験からくる想い、やさしさに触れることができ、自分の家庭や人生も客観視できるようになってきました。そこで出会った大学の先生方には「家族のことは大切だけれども、自分の人生も大切にすること」を教えてもらいました。

しかし、専門家として学ぶことは良いことばかりでもなく「ストレッサーをどうにかしないと」と高校生の時に一念発起し、前のめりになり、就職するまでの5、6年の間に、向き合いすぎて疲れ果てる時が来てしまいました。その時に一度大きな混乱を感じましたが、大切な友人や作業療法士の養成過程で得た知識、「きょうだい会」との出会いのおかげで、自分の考え方の癖や目を背けていた部分に向き合うきっかけをもらいました。

ふってわいた「きょうだい」「ヤングケアラー」という私。ヤングでは終わらない、これからも姉と共に一生続く「きょうだい」の私の人生。もう少し「きょうだい」の話を聞いてください。

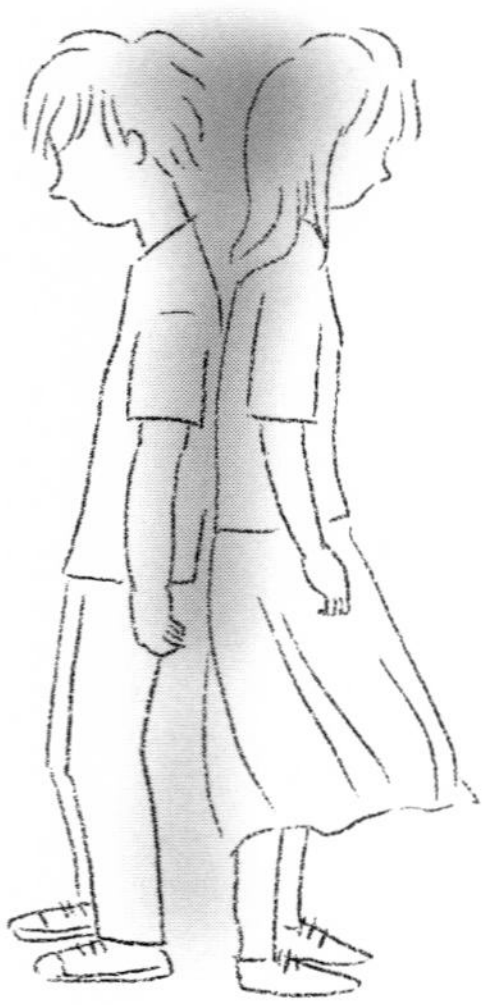

Part 1

ヤングケアラーの多様性を理解してほしい

きょうだいと言っても、その境遇や背景はさまざまです。ここでは多様な背景のあるきょうだいの体験談を紹介します。体験談をもとにきょうだいの置かれている状況の多様性を理解してもらいたいと思います。

構成としては、体験談、質問、OT（作業療法）視点からの分析とポイントの順で記載していきます。なお、ここで紹介する事例のきょうだいは、編著者の木村諭志を除いて仮名です。

Episode 1

幼少期から障がいがある当事者のきょうだい

弟が自閉症・知的障害の佐藤さん（20代）

私には、2つ年下の、自閉症と知的障害をもつ弟がいます。弟の障がいは幼稚園に上がる頃に発覚し、小学校は特別支援学級、中学高校は特別支援学校、卒業後の現在は就労をしています。

子どもの頃は、思い通りにならないことがあると、泣き出して動かなくなったり、奇声をあげたりする弟に苦労することもしばしば。お風呂を覗かれたことも。それでも両親からは、「障がいがあるから仕方ない」と言われ、特に母からは、「教育にお金をかけてもらえているのは、弟の障がいのおかげ」「障がいのないあなたは何でもできて当然」と、弟と比較されてきました。学校や祖父母の家で過ごす時だけが、私が唯一自分らしくいられる時間でした。

そういった環境もあり、結婚に対して悲観的だった私は、一人で生きていくため、高校時代は勉強に打ち込みました。国立大に合格すると、入学後は教授からのアドバイスを受けて徐々に自由を獲得し、就職と同時に住所も告げずに、一人暮らしを強行しました。

物理的に距離ができたことで、家族との関係を客観的に捉えられるようになり、家族仲も少しずつ改善しています。

弟については、いつか面倒をみなければならない日がくるのではないか、子どもに遺伝するのではないか等、不安もある一方、大事な家族として受け入れられるようになりました。

ライフステージの変化に応じて、さまざまな困難があると思いますが、今までの学びを糧に、自分らしく生きていきたいと考えています。

弟さんの行動を子どもの頃はどのように考えていましたか？

弟の行動で「いやだ」という気持ちや「恥ずかしい」という気持ちを感じることが多々ありました。しかし、それを親に伝えると「嫌だと思うこと自体が間違っている」と否定されました。母からすれば弟を非難すること＝自分が非難されると感じていたんだと思います。

「教育にお金をかけてもらえている」というのはどんな意味ですか？

弟は幼い頃から公的なサポートを得ながら、大学にも進学しなかったため教育にお金がかからずに成長していったので、私が習い事や塾、進学で選択肢が広がっていたのは、弟にお金を使わなくて済んだからという意味でした。

それは同じ子どもとしてはつらいですよね。

今思えば、母は自分の育ちからくる子育てへの理想を子どもにかなえてあげたい気持ちと、それができる私自身への嫉妬の感情の両方があったと思います。

弟さんと比較されて育った佐藤さんは、進学に対してどんな影響がありましたか？

弟がいるから、私立の中学を選びたい気持ちは正直ありました。姉の私が地元の公立中学に進学していたら、弟も同じ学校に入学してきて、いじめられるんじゃないかという不安がありました。結果的に弟は中学から特別支援学校に入学しました。

大学も家から通えるところにしか受験してはいけないと親に言われてきました。自分が家族のために優秀で良い仕事につかなければという焦りもありました。

仲田OTの分析とポイント

そんな佐藤さんが家族の中で嬉しかったことはありますか?

父が私のために時間を割いてくれたことでした。

大学の教授のアドバイスとは?

「弟の面倒をみる必要はない。あなたはあなただから、家を出ればいい」といってくれたのが、私にとって衝撃でした。それまでは、ずっと弟のために実家で一緒に生きなければならない、家から出られないと思い込んでいました。

私たちきょうだいにとって「あなたの人生を生きなさい」って言われることって大切ですね。

そうですね。大学に入った時点でほとんど進路が決まってしまうので、その前の中学・高校生のうちに出会いたいですね。

きょうだいへの障がいの受容は、それぞれの感じ方を大切にし、焦らせないことが大切

きょうだいのために障がいの知識や理解ができるように教育していこうという考え方があります。こうした、現実を受け入れることを促していく作業は心理学でいうと、ストレスに対する対処行動である防衛機制の「合理化」や「昇華」と理想的なストレスへの対処法といわれますが、それらを直ちにきょうだいヤングケアラーたちに促していく上では慎重になることが必要だと考えます。

諸説ありますが、人の危機に直面した葛藤と受容は心理学的には、「ショック」→「否認」→「混乱」(悲しみ、怒り、抑うつ)→「解決への努力」→「受容」という5段階の流れをたどると言われています。受容のためには一度、危機に直面化する必要がありますが、自分の中でその事実を否定したい気持ちに自ら気がつくことが必要なのです。そこではじめて合理的に考えたり、事実に対する納得する根拠を見出すことができるようになります。

そのため、ヤングケアラーには「いやだ」「つらい」という感じ方を否定や非難もせず、認め、受け入れ、安心・安全を保障する環境が必要と私は考えています。佐藤さんの体験談からは、自分の感じてきた気持ちが「よくないこと」とする価値観が影響する場合もあることがわかりました。そして、大学進学を契機に選択肢を示し、信頼する大人から新たな価値観に触れることができた経験が、佐藤さんの人生を大きく変えています。大学の教授という信頼する第三者からの言葉は受容に大きく影響したかと思います。

幼いきょうだいにとって、
親を独占できる時間が大切

お母さんとの関係性で悩んだ部分もありましたが、お父さんが佐藤さんだけにつくった時間は心の支えになっていました。きょうだいが親を独り占めできる時間は、きょうだいにとって愛情を具体的に感じることができるきっかけになったのです。このような経験はその他のきょうだいからも多く聞かれる経験です。

日常生活を営む上で親がきょうだいを愛していたとしても、「障がい」を理由に自身に関心が向けられないと感じてしまいがちです。妹や弟が生まれた時の兄や姉の子ども返りの心理と同様に、手のかかってしまう方に嫉妬してしまうのはきょうだいの性なのかもしれません。そうした、子どものきょうだいが親からの愛情を実感・確認できるのが「独り占めできる時間」をつくることであると思います。1年に1回でも、1か月に1回でも一緒に出かけたりする機会があるときょうだいの気持ちは満たされていくことができます。

親をサポートすることが、きょうだいをサポートすることにもつながる

幼少期にわが子の発症や診断を経験した親は、子育てへの葛藤や自責の念、関わり方への不安、わが子の将来の見通しが立たず、不安や焦りでいっぱいです。親自身が成功体験として、意図した関わりがうまくいったりするなどで子育てに前向きになれたり、信頼できる人に出会えること、仲間（ピアサポート）につながることも安心・安全の生活を営む上では大切です。そのためには当事者や親の支援に携わる人々が、親の苦しみに傾聴・共感し、理解を深め、方法論ばかりではなく意思や選択を尊重しながら可能な見通しを一緒に立てていくことで、安心した毎日を過ごせる環境ができるでしょう。この関わりへの視点はきょうだいへの関わりと共通する部分かと思います。

こうした親の安心・安全の確保は、その子どもであるきょうだいヤングケアラーの安心・安全の生活にもつながるのです。だからこそきょうだいヤングケアラーだけでなく、家族まるごとのケアラーサポートが必要です。

佐藤さんは幼少期から障がいを抱える弟のいる姉という立場でした。

次に、同じく幼少期から障がいを抱える兄のいる場合を、妹の立場から語っていただきます。

Episode 1

幼少期から障がいがある当事者のきょうだい

兄が頭部外傷による前頭葉損傷後遺症の田中さん（40代）

私の兄は赤ちゃんの頃に頭部打撲をしており、身体的な後遺症は残りませんでしたが、成長するにつれ、感情のコントロールの不得手さ、同年代の仲間との関係づくりや集団行動の弱さが顕在化し、小学校高学年より登校拒否状態となりました。当時は本人の性格の問題であったり、親の育て方の問題だとされてきた時代であったので、周囲の理解も得られない中で母が一人で頑張っておりました。

学校に登校するのを嫌がる兄を説得し、泣きわめく兄の背中を押して無理やり登校させた日は、決まって機嫌が悪く、その日のストレスを妹の私にぶつけてくるという悪循環が続きました。

イライラした兄に叩かれたり蹴られたりして、痛い思いをたくさんしました。悪意をもってやっているのではなく、兄自身も苦しみ困っているということが、そばにいたからこそわかっていただけに、その原因がわからずにいたことが一番つらかったです。また、ストレスの発散が家庭内に向かっていることは、当時、母と私にとっては安心材料の一つになっていました。発散が家族以外の他者に向かったら、兄は加害者となり、私たちはさらに加害者の家族というレッテルを貼られてしまうことのほうが恐怖でしたから。家族だから我慢したほうがいいという思考のくせがついてしまったように思います。

父はあまり家庭におらず、母が一人で孤立奮闘している状態でしたので、中学生高校生の頃には、母の愚痴を聞いて励ます立ち位置になりました。この頃から、父に代わって家族をサポートしなくてはという使命感が芽生えてしまったように思います。

仲田OTからの質問

妹としてきょうだいだから困ったことなどはありましたか？

子どもの頃は、３つ年上の兄は、妹の私から見れば身体も大きく力も強かったので、圧倒的にやられっぱなしでした。私が妹じゃなく、兄か姉だったら、小さい弟を力でなんとかできたかもしれないなと悔しく思ったこともあります。

お兄さんのストレスが、きょうだいの田中さんに向かっていたとのことですが、田中さんはどのようにつらさに対処していましたか？

基本、機嫌が悪い時は逃げたほうがいいということを学び、とにかく逃げることを考えていました。子どもの頃はわずかなお小遣いしかないので、そう遠くにもいけず、近くの図書館に行ったり、野原に行ったりしていました。

つらい状況から時に逃げることができたんですね。逃げられない状況などはありませんでしたか？

兄のストレスの発散については、逃げられないこともありました。その時はもう、その場で兄の苦しみや悲しみ等のつらい気持ちを丸ごと受けとめるほかなかったです。

子どもの頃、田中さんがつらい時に助けになった大人はいましたか？

私が幼少期の頃は、まだまだ発達障害等の概念が登場していなかったり、本人や親の問題とされたりしていた時代で、つらい時はじっと我慢することが大事な価値観の一つであったように思います。あわせて、家の中でのことを話すことは恥だという価値観もあり、助けを求めるという発想が当時の私にはありませんでした。

仲田OTの分析とポイント

緊張状態から一時的に離れ、クールダウンできる環境があることが大切

妹の立場のきょうだいだからこそ、ヤングケアラー時代に兄に対して力負けをしつつ、そのため逃げることを徹底してきた田中さん。ふだんは何をされても気持ちを押し殺しながら過ごし、周囲の理解者にも出会えなかったけれど、家から飛び出して逃げる場所があったことで、気持ちを落ち着かせることができたのです。田中さんの経験談からも、日常生活を親に依存しているヤングケアラーのきょうだいにとって、離れられる逃げ場所、安心する場所が家庭の外にあることが大切であることがわかりますね。

親の価値観や不安を敏感に感じ取り影響を受けることもある

田中さんの体験談の中では、佐藤さんの事例の分析とポイント（29ページ）でも触れましたが、親の孤立感にも触れられています。時代背景や地域特性として、親の子育てやしつけが子どもの障がいや言動すべての問題とされたり、SOSを出さないこと、抱え込むことが美談・当たり前とされた社会の中に置かれることもあります。そうした孤立する親の不安を子どもは敏感に感じ取り自分にできることを考えはじめるのです。ヤングケアラーが自発的にケアを担う背景にはこうした子どもの心理が反映されていると考えられます。

ここからは、精神疾患などの中途で障がいを抱えることになった当事者のいる場合の体験談を語っていただきます。先に紹介した二つの体験から、幼少期から当事者の関わり方に葛藤をしてきたことがわかりましたが、きょうだいが青年期・成人期の頃に当事者の発症を経験するのと、どのように違いがあるのでしょうか。次は、弟の立場の方からのお話になります。

Episode 2

思春期から障がいがある当事者のきょうだい

姉が統合失調症の木村さん（40代）

私は、４歳年上の統合失調症の姉をもつ弟の立場のきょうだいです。姉が高校生の時に発症し、当時の私は中学生でした。

発症前は、子煩悩な両親と頼りになる姉、そこに甘える私という仲の良い４人家族でした。発病当初、姉は悪口を言われていると部屋に閉じこもっていましたが、次第に暴言・暴力をふるうようになり、近隣住民にも怒鳴りに行くため、警察が介入することもありました。その当時の私は、何が起こっているのかわからず、豹変した姉の私をにらむ目に恐怖すら覚えていました。姉は、近所の心療内科にもかかりましたが、その時は統合失調症とは診断されず、改善しませんでした。

共働きの両親は仕事にも追われており、当時中学生だった私が薬の管理や姉を見守ることを任されました。世間体を気にした父は、「お前が面倒をみろよ。（姉のことは）周りには誰にも言うなよ」と私に言い続けました。私は、会話もままならない姉に何が起こっているのか理解もできないまま、親の変化にも戸惑い、弟の立場から姉のケアをする立場を強いられ、姉と共に過ごす苦痛だけが増えていきました。

親に甘えることはもちろん、誰にも相談できず、素直に心を開けなくなった私は孤独を感じていました。自分のことを考えられなくなった私は、その時をどう過ごすかということだけで精一杯で、進路について考える余裕もありませんでした。将来的には姉の面倒をみなければならないと、家族のために看護師になる道に進みました。

当時、豹変したお姉さんをみて恐怖した木村さんには、誰が寄り添ってくれましたか？

寄り添ってくれる人は誰もいませんでした。親からは、誰にも姉のことは話さないように言われていましたし、親同様に私自身も姉の豹変した姿を理解できずに戸惑っていたことで、友人や先生に相談できることではないと感じていました。

つらくなった時には、家出をして現実逃避をすることもありました。孤独で居場所がなく、オンラインゲームが私の心休まる居場所になっていました。オンラインゲームの中でのつながりは、きょうだいの話をする必要が全くなかったので、素の自分でいることができました。

孤独を感じていたということですが具体的には？

親は周囲に相談できず、家族だけで解決しようとしていたことで、私の家庭は社会から孤立していました。また、姉を中心にした生活を送ることで、私は家族の中でも孤独を感じていました。その中で、親が私に世話役割を求めたことに対して、私自身が少しでも存在意義を得ようと要望に応えようとしていたのかもしれません。

発症による立場の逆転はありましたか？

親に面倒をみることを要求され、忠実になっていると、私自身の姉を見る目は変わってきたように思います。元の姉―弟のきょうだい関係ではなくなっていました。面倒をみなければという思いは、親に近い感覚に変わっていたのかもしれません。

看護師を目指し、学んでいくうちに、姉を変えようと、ケアをする教示的な立場になっている自分にも違和感を感じました。きょうだいは親にはなれず、支援者にもなれないと思いました。面倒をみる立場ではなく、きょうだいとしての関係性を取り戻せたらと思うようになりました。

仲田OTの分析とポイント

看護師になる具体的な経緯はどうでしたか？

中学・高校時代は、姉を中心とした家庭で過ごしたことで、自分の将来の夢を思い描く余裕がなく、本当にやりたいことを思い描けずにいました。高校を卒業してからは、フリーターをしながら、やりたいことを試すモラトリアムの期間を過ごしました。でも、家庭内が現実の居場所になってしまっていた私は、結果的に家族のために看護師を目指し、看護学校に入学しました。

入学後には、看護教員に「家族の距離感が大事」と言われ、実家にいることが当たり前になってしまっていた自分の家族関係を振り返る機会になりました。その先生の言葉は目から鱗で、就職を機に実家を離れる決心につながりました。

年下のきょうだいに起こる立場の逆転

中途発症の年下のきょうだいは、発症のタイミングで『きょうだいの立場の逆転』が起こります。木村さんはそれまでの「姉（当事者）と弟（木村さん）」という関係から、発症やケアの状況を踏まえて「兄（木村さん）と妹（当事者）」または、「保護者・親（木村さん）と子ども（当事者）」と本来の姉弟の上下関係の入れ替わりや親代わりの関係性に変化が起こることにもなってしまうのです。

親代わりになるきょうだいは職業選択にも影響する

木村さんの語りにもあるように、一度関係性を築いてきたきょうだい関係が変化することは大きな葛藤があります。その親代わりの経験やそこからくる責任感が木村さんの看護師になる選択の一要因になったのでしょう。

客観的には「家族の支え合い」として美談と解釈する方もいるかもしれません。しかし、一度冷静になって、きょうだいヤングケアラーの将来の職業選択に影響していることや選択肢を狭めている現実を考えてもらえたらと思います。

ヤングケアラーは
きわめて不安定な精神状況に置かれている

　10代の子どもが、家族の事情を周囲に秘匿し、孤立感を抱いている状況で、相談もできず自分だけで気持ちの整理をするのは簡単なことではありません。家に帰ればつらい状況があるのに、学校でも気丈に振舞わなければならないつらさがあります。時に、隠しきれず自分自身が体調を崩したり、頭痛や倦怠感、不定愁訴などで間接的にSOSを出す場合もあるでしょう。そのことを知っていればきょうだいが周囲を気にして隠していたとしても、体調不良や様子の変化を通して孤立感を抱え込んでいる状況に周囲の大人は気づくこともできるでしょう。

　木村さんも家出やゲームの世界に入り込むことで、田中さんと同様につらい家庭の現実から離れる休息の時間をつくっていました。逃げ場所が人ではなく自ら見つけた居場所であることはたくましいですが、社会としてそれでいいのでしょうか。

　ここまでは、ヤングケアラーに当たる年齢の時にきょうだいに障がいがあったと発覚した方々の語りを紹介してきました。では、きょうだいが一度、進路選択が固まった後に当事者の障がいが発症、ケアが必要になった場合には、どのような違いがあるのでしょうか。次は、社会人になってからのきょうだいの立場からのお話です。

Episode 3

成人期から障がいがある当事者のきょうだい

姉が躁鬱病の林さん（30代）

姉は幼い頃から努力家で活発で成績もよく、体の小さい私の面倒をよくみて頼りがいのある存在で、両親も将来を期待して育てていました。姉の発病がわかったのは、私がOLとして働いていた頃で、姉は地方で単身で研究の仕事をしている時に、人間関係のもつれで鬱状態になったのです。それから仕事を辞め地元に戻り結婚をしました。

その後も私の仕事中にも「私生きていていいのかな。もうダメかも」と電話があり、仕事を切り上げて駆けつけると、睡眠薬を大量服薬して救急車を呼ぶようなことがありました。半年、3か月、

1か月に1回と徐々にそのタイミングも短くなっていました。当時、両親は認知症の祖母のケアが大変で疲れきっていました。母親は時間を見つけて姉のところへ行き、食事の世話や身の回りの世話をしていましたが、父親は娘の障がいを受けとめるのが難しく感じていたようです。

私はそんな姉の力になればと通っていたアロマスクールへ転職をしました。姉は夫との関係は症状とともに悪化し、持ち家を売り離婚に至りました。実家に戻り猫を飼い始めると徐々に症状もよくなり、間もなく病中に親しくしていた男性と再婚、研究の仕事も始めました。ある日私に「親に内緒でお金を貸してほしい」と電話がありました。姉に浪費癖があることを知っていたので「貸せない」と伝えました。

その後、両親から連絡があり、闇金から借金して脅しの電話が仕事場と両親にひっきりなしにあるというのです。私の職場の連絡先も教えたようです。そのまま姉は一晩失踪しました。職場に申し訳ない気持ち、両親は大丈夫だろうか、姉は死んでないだろうか、と泣きそうな思いで探しました。警察から戻ると姉は自宅で爆睡していました。目を覚ますと「ごめんね」と泣くばかり、「いいよ」としか言えませんでした。

3年も借金があったことを隠して結婚式を挙げ、家を購入していたのです。私はこれまで力になろうと関わってきましたが、信頼ができなくなり、話をすることも苦痛になりました。時がたち最近は少しラインで連絡が取れるようになってきていますが、付き合い方に苦労をしています。

仲田OTからの質問

10代の頃は進路選択に影響がなく自分のやりたい仕事に就けたということですか？

姉は当時は発症していなかったので、自分のことのみを考えて仕事に就きました。

仲田OTの分析とポイント

立場の逆転には当事者の自立度や発症のタイミングも影響する

林さんのように、当事者が年上だとしてもケアの状況に応じて、立場の逆転が起こらない場合もあります。その背景にはそれまでの距離感や当事者の症状や自立度、生活状況などさまざまな背景があるかもしれません。そのため、「年下のきょうだいは立場の逆転が起こるものだ」と固定観念にとらわれずに状況に合わせて家族関係・きょうだい関係をみてもらえたらと思います。

それでも、大人になったら家族だけでは十分なサポートができないことを知り、転職することになったということですかね？

結果的にはそうですね。力にならなければいけない気持ちがありました。

当事者の発症が成人以降でもきょうだいの職業選択に影響を与える

これまでのヤングケアラーの語りから、ヤングケアラーの課題は大人になっても続いていくことがわかりましたが、林さんの体験でわかったことは、はじまりがヤング（～18歳まで）でなくともケアラーの課題は、きょうだいの人生における職業選択に大きな影響を与えているということです。家族がケアを専門家になってまで担わなければいけないほど当事者のサポートは家族頼りになっているのです。

専門家の関わり方ひとつでケアラーの未来を分ける

林さんの語りからは、自分の生活を大切にするための家族との距離感を取ることの大切さがわかりました。親や支援者、障がいを抱える当事者から寄せられる期待に対し、他者から提供される選択肢は少ないからと思いますが、経済的にも自立したきょうだいにとって、どの選択を取るかは最終的にはきょうだいに委ねられています。ヤングケアラーの頃では生活の基盤を親に依存しているため、自立した選択を認められることは難しく距離の取り方が難しくなってきます。

ここで大切になってくるのは支援に携わる専門家の寄り添い方です。障がいを抱える当事者の自立支援という観点から、親の想いを汲み取りつつ、家族で抱えないように、「この人のいる法人なら」「この事業者なら」と社会に頼ってもいいと思える関係性を築き、現実的な社会的サポートの選択肢を提示することが大切です。そのことが、将来のきょうだいケアラーに広い選択肢を残すことにつながると私は思っています。

原家族は親にとっては守るべき家庭ではありますが、親が抱え込む選択というのはきょうだいにとっては、これから新しい家庭を築きたいと思ったとき、当事者が社会につながっていないことで親の介護や親亡き後を想定した時を考えると将来自分の身にかかる課題として不安を感じ、今したいことを選択しにくい状況にもなりうるのです。

これまでは、立場の違う2人きょうだいの境遇の違いに触れてきました。障がいを抱える当事者が複数いる場合には、どのようなつらさや葛藤があるのでしょうか。次は、4人きょうだいの末っ子の立場の方に語っていただきました。

Episode 4

障がいがある複数の当事者のいるきょうだい

兄が精神障害、姉が知的障害、健常の姉がいる高橋さん（30代）

私は、精神障害の7つ離れた兄、長女の知的障害を抱える4つ上の姉、次女で健常の年子の姉の4人きょうだいです。父子家庭で父はサラリーマンでした。私が小学校に入ると同時期に父の転勤で東京から地方に引っ越しました。長男の兄は本来なら中学2年生への転校でしたが、中学一年を不登校により中学1年生をやり直すことになりました。入学式は私の小学校、兄の中学校と同日。父は兄の入学式に、私の入学式には祖母が来ました。

つながりが強い地域で、父も母も来ない入学式は保護者、友達、先生みんなから好奇の目で見られ、学校生活では、知的障害の姉は同じ学校で時々クラスに来たり、帰り道に私のそばに来ていました。そんな私に友達はできず、不登校になっていきました。そんな私の支えは次女の姉でした。不登校気味の私に、学校に行くよう説得したり、学校に行く日には髪を結ってくれました。家の食事も時々つくり、家族をつないでくれていたのです。次女の姉は高校卒業後、進学のために家を出ました。

そんなある日、私は夕食を初めてつくり、父がとても喜んでくれました。あまりほめられることが多くはなかったのでホントにうれしくて、つくる日が多くなっていきました。進路選択の際、兄の問題が深刻化していきました。父に、兄の問題、仕事、家事と日々疲労がたまっていくのが見えました。この時、私は、次女の姉がしたように、今度は自分が家族をつなぐ役割をしないといけないと思い、福祉の仕事を選択し、進学しました。

現在も長女の姉、兄に何かあれば、父の相談相手は私です。次女の姉は時々家族に会いに来たり、LINEで話したり、仲良くしており、それで十分だと思っています。一方で、今の私は父の補助なので、自分の生活とのバランスを保てているけれど、子どもの頃に頑張ってくれた次女の姉には負担はかけずにいたいと思っていますが、父亡き後一人で、この役割を担えるのか不安はつきません。

仲田OTからの質問

高橋さん自身を支える存在が、他のきょうだいの中にもいたということですね

健常の姉は、いつも私を気にかけてくれて支えでした。大人になって結婚して離れたので、今度は私がやらなければと思うようになりました。

家族をつなぐ役割を専門家になってしなくてはいけなかったというのは、職業選択に影響したということですかね

健常の姉が進学を理由に一人暮らしが決まった時、父は不安そうでした。姉の代わりになれない自分は父にどう思われるのかと常に不安を抱えていました。だから、福祉の道を選択すれば、自分の存在価値を得られるのかと思ったんです。

健常のきょうだいが複数人いると、一人のきょうだいが要になってしまう話をよく聞きます。要にならなかったきょうだいは、自分の居場所を探して必死なんです。親に期待されるのも、されないのもしんどいです。

一人で、複数のきょうだいを見る不安は大きな違いですね

父のことや当事者のことで、同時に動かなければならない状況は、私も仕事があるのでつらいです。でも困ったとき、私からは健常の姉に連絡ができないんです。複数のきょうだいがいるなら、協力し合えばいいという人もいるでしょう。頼れる健常のきょうだいが、今幸せな生活をしているからこそ、私はその生活を守りたい一心で、言わずに家族にかかわっています。

複数のきょうだい間では
ケアのバトンの受け渡しが起こる。

障がいを抱える当事者が複数いる場合には、よりきょうだいが課題を抱えることが多くなります。特異な目で見られる恥ずかしい気持ちを経験することは、幼少期から障がいのあるきょうだいに共通することの多い経験です。高橋さんにとって幼少期の精神的な支柱は年齢の近い健常のお姉さんでしたが、きょうだい同士で支え合う状況、お姉さん自身もヤングケアラーでした。そんなお姉さんが進学で家を出た後は、高橋さん自身がお姉さんの代わりにケアを務めはじめました。その境遇からくる責任感が、高橋さんを専門家の道に後押ししました。周りに相談できないのがヤングケアラーの共通項ですが、高橋さんの場合は複数のきょうだいがいたため、次女（健常のお姉さん）の存在が支えになっていたことでしょう。しかし、主たるケアをしていた次女が進学を機に家を離れ結婚したことで、自身が主たる介護者を担うことを選択しました。ご自身も語っておられましたが、それまで次女が主たるケアを担っていた反面、自身に無力感も感じていたことでしょう。そのため、ケアに参画し親の力になることによって自己承認欲求を満たし家族の中で存在価値を見出していたのです。高橋さんの状況をみると、ケアを担っている状況が続き大人になると新しい家族をつくるために、原家族から離れられない状況となっていることも確かです。

Part 2

ライフステージから考えるヤングケアラー

1 きょうだいケアラーの物理的、精神的苦労——保護者役割を求められるつらさ

とある男女が出会い愛し合い家庭をもつ。その後、子どもに恵まれ2世代になる。その家庭に何らかの理由で子どもにケアが必要になるとします。はじめは、当事者のケアを親が中心になり行っていますが、きょうだいは当事者と共に成長し、ライフステージに合わせ進学や就職、家庭を築いた親と同じく愛し合い結婚することで新しい家庭を築くことを経験することもあるでしょう。

きょうだいにとって、幼少期から20代・30代の間は、当事者の自立とケアの課題で原家族は不安定な状況になります。きょうだいが40代・50代になると次第に、親もできることが減っていき、親にも介護が必要な年齢になるでしょう。ここに来て、きょうだいは親と当事者のダブルケアの状態になります。そのような状況はきょうだいに求められる原家族をケアするためのプレッシャーは大きくなるばかりです。

ダブルケアに陥るとき、親から保護者のバトンを渡され、周囲からも親役割を求められたきょうだいは、突如混乱した状況に置かれます。また、きょうだいが新家族を築き、子育てをしていれば、ダブルケアを越えてトリプルケア・マルチケアの状態とも言えるでしょう。支援者の方々はこの状

況を知ってもなお、親の行っていた当事者のケアと同等のことをきょうだいにも求められるでしょうか。

保護者と言っても、きょうだい一人ですべてを決められないため、当事者の意思を確認したり、親の思いを配慮したりと、家族の中の話し合いや意思決定のための時間や労力がいります。関係各所への相談や調整、福祉サービスや公的援助の申請の手続きの時間なども必要になります。日々労働し新家族の生活を守りながら、原家族を想い、これらをこなすことは簡単なことではありません。その物理的、精神的労力は大きなものです。

次からは、エリクソンの「心理社会的発達課題」を援用しながら、ライフステージごとの人格形成を考え、きょうだいヤングケアラーの心理や行動などの理解を深めてみたいと思います。

「原家族」

きょうだいが幼少期を育った親、当事者がいる家族

「新家族」

きょうだいが幼少期を育った原家族から離れ築いた新しい家族

2 きょうだいの人格の礎となる心理社会的成長と発達——幼少期・学童期（〜13歳）園児・小学生

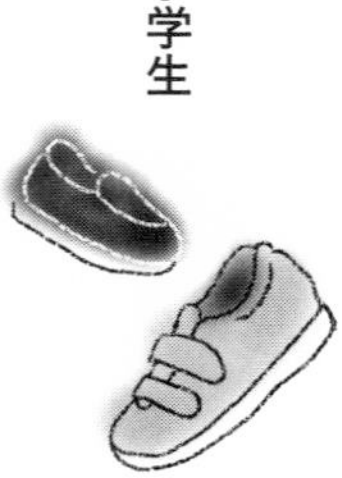

1／自己の状況の客観視と葛藤

13歳以下の幼少期・学童期からヤングケアラーとなったきょうだいの家庭は、発達障害や知的障害、生まれつきの疾患等の当事者中心の生活を送っていることが特徴かと思われます。親は当事者の園生活、就学、進学での見通しのつきにくい状況で孤独や不安を感じやすく、その頃きょうだいは、低年齢でも親の不安を敏感に感じ取っている場合もあります。

そのような環境で、きょうだいは当事者のケアを担うことで時に周囲からほめられ、アイデンティティを形成・成長していきます。しかしながら、成長とともに他者と比べる機会が増え、幼児期後期から学童期になると、自己の状況を客観視することで葛藤が生じていきます。

2／きょうだいヤングケアラーへの理解とサポートが重要

「面倒みてえらいね」など、「ケアに参加することで、周囲からほめられる」ことできょうだいは評価をされたと感じ、親の役割に近ずこうとするところがあります。そのため、関わることを過剰にほめることはよくありません。選択と行動を尊重し認めることは大切ですが、同時にケアを抜きにしたきょうだいの存在を認める視点をもつことが大切になります。

この時期の子どもにとって、価値観の影響を受けるのは家族内の社会の他に園・学校社会が中心となります。簡単なことではありませんが、親の孤立感と不安感からの解放、学校でのきょうだいヤングケアラーへの理解とサポートが重要になってくる時期でもあります。この頃にヤングケアラーの学校でみられる特徴としては、宿題ができなかったり、忘れ物が多かったり、体調不良により遅刻や早退が多いなどの間接的なＳＯＳがあると言われています。

3／乳幼児期から学童期の「心理社会的発達課題」の特徴

①乳幼児期：２歳〜４歳：「自主性」対「恥・自己疑惑」

乳幼児期は、乳幼児からの要求に大人が適切に一貫した反応をすることで、相互の情緒交流が成立していく期間です。

乳児期（〜2歳）は安心安全を通して人に関する基本的な信頼を確立します。幼児期（2歳〜6歳）には周囲の行動の模倣によって、周囲から評価される行動を学び、大人から認められると自信につながります。この時に大人から認められず評価されない経験をすると、結論や結果を過剰に意識し「また失敗するのではないか」と不安や劣等感を抱きます。これがエリクソンの恥・自己疑惑の感覚です。

この年代のきょうだいにとって、周囲から期待される行動を「当事者の面倒をみること」「自分の存在を主張することに対して我慢すること」と設定されてしまうと、その期待をきょうだいが自己承認のために拒否することは、自己評価を下げ、恥や自己疑惑の感覚につながってしまいます。そうすると、きょうだいが次に待ち受ける心理社会的発達課題を達成することに対して困難を招くことになります。

②学童期前期：6歳〜8歳：「積極性」対「罪悪感」

学童期前期は主に小学校低学年の時期で、親子などの家族関係中心から仲間関係中心の生活へ移っていきます。

学童期の発達は、幼児期までに獲得した自主性をもとに積極的に外界を探索することで、達成されます。つまり、自発的に自分なりの価値観をもとに判断し行動しはじめます。その価値観を形成する基盤の一つに親との同一視があります。「お父さん、お母さんのようになりたい」と親と同一視することで、価値のある特徴を自身に取り込みながら自己概念を高める時期でもあります。そのため親との結びつきを維持することによって安全であるという感覚を得ることができます。同一視するばかりではなく、子どもの好奇心は、どこかで親の価値観とは相いれないことに直面することもあります。その好奇心が自己概念を形成する礎になるのです。

この段階でのきょうだいは、自身の安全・安心の確立のために、自らケアに参加しようという状況を受け入れようとするでしょう。その結果、親の価値観と相いれないとわかっていても、自分の理想のようにはできないことがわかっているため、「本当は〜したいけど」と思いつつ相談もできず断念し、行動に移せなかった場合は、その結果「〜したかったのに、〜のせいでできなかった」と、できなかった理由を他者に探すことにもつながります。そのことは、その後の自身の選択や行動に対して積極性を失わせることにつながります。

③学童期中期：8歳〜12歳：「勤勉性」対「劣等感」

中学校に上がる前の小学校中〜高学年の時期で、達成できたことをほめられれば勤勉さに導き、行動が制限されたり、批判されたりすると、劣等感を招きます。

学校教育を通じて学習として習得すべき課題が示される時期です。課題の達成が困難に直面したときには「自分には価値がない」と思い込み、劣等感を抱き否定的な自己像をつくり上げることがあります。

この段階でのきょうだいは、家庭だけでなく学校の中でも価値観の影響を多く受けるようになります。そこでの学校の先生からの評価は有能感につながり、自己を肯定的に捉え周囲に働きかける力を養うことができます。高橋さんの経験談（45ページ）にあるような、学校での当事者と共に周囲から「好奇な目で見られる」経験は、「言ってはいけない」「恥ずかしい」などの感情を生みます。そうして、周囲に相談できない状況がつくり上げられるのでしょう。

子どもが生きる上で欠かせない安心や安全が守られていない経験は、「逆境」と呼ばれる心の飢餓的状況を生みます。その安全や安心が確保できない「逆境」の背景にはトラウマになりうる虐待やネグレクト、性被害などさまざまで、その状況は「機能不全家族」と呼ばれることもあります。きょうだいが当事者のケア「親役割」を担う生活を送ることは、子どもが子どもらしくいられない状況として十分にトラウマ体験となりうるのです。

こうしたトラウマや逆境の経験は、心身の健康を害するだけでなく、それによる子どもの価値判断や日常生活の行動が第三者からみると表面的には暴言、問題行動とみなされてしまうことになりうるのです。

3 きょうだいの進学・就労の選択肢——思春期・青年期（13歳〜22歳）中学生・高校生・大学生

1／進路選択

就学に合わせ、当事者は特別支援学校や特別支援学級などに進学する場合もあります。中学校などで同じ学校にきょうだいが進学する場合には、当事者の行動面や周囲からの偏見、いじめに直面し、混乱、場合によっては庇護する役割を経験し、ときに「恥ずかしい」という思いを経験することもあります。

きょうだいが高校へ進学するタイミングでは、大学進学や仕事をイメージした進路を考えはじめます。当事者も10代、家庭の将来の見通しが立っていない状況では、きょうだいは進路選択で悩むことになります。場合によっては、私や共編著者の木村のように、医療や福祉の仕事に就き、家族に役立つ現実的な役割を担おうとすることもあるでしょう（36ページ）。心からそうしたいと思う場合もあれば、そう進路を選択せずとも、「自分だけ自由になっていいのだろうか…」「進路を変えた方がいいのか」など、自分の人生を歩むことに対して罪悪感を抱くこともあるのです。その罪悪感には、家族全体の孤立と当事者の見通しが立たないこと、きょうだいの家族との距離感が親密になっていることが要因としてあると思われます。

2／友人関係と恋愛

きょうだいたちは、友達や恋愛上、話題がきょうだいのことになった際にどのように他者に家族のことを話せばいいか悩むことがあります。この時期に悩んでも周囲に相談できなかったことを、後に成人になって語るきょうだいは多くいます。きょうだいにとって人間関係上、必ずしも言う必要がない状況でも「隠しているようで不誠実な気がする」「正直に話すべきか。でも、正直に話すことで離れる人もいるのではないか」「正直に言っても友達に気をつかわせて、楽しい雰囲気が凍りつくのではないか」など、伝え方に悩むことがあります。

何気ない友達との日常会話であっても、家族や当事者の話はきょうだいにとって緊張感があるものです。恋愛においても、親密になればなるほどお互いの家族話は出てくるでしょう。私たちもこの年頃では家に友達をよぶことを無意識的に避けていました。遊びに行く時は、外のどこかに行くか、友達の家に行くかのどちらかでした。

3／青年期の「心理社会的発達課題」の特徴

①青年期前期：13歳〜17歳：「集団同一性」対「疎外」

この時期は一般的には思春期を指します。この時期は、仲間集団の一員としての自己を確立することにエネルギーを費やします。その集団が親の価値や考えと異なる場合は親との対立は避けられません。

思春期の子にとって最大の圧力は仲間集団です。集団の規範に従い、そのメンバーに共同し、忠誠をつくすことが求められてきます。友達と同じ価値観のもと、行動していきます。仲間集団は他の仲間集団からの結びつきを制限するなどの排他性が特徴的であり、ここでの発達課題を適切に処理することで、青年は社会的満足を得ることができ、特定の集団への帰属意識を高めることができます。こうして、学校や組織に居場所を見出していくのです。

境遇や価値観の違いから仲間集団に帰属意識をもたない・もてない青年にとっては、学校や部活動などの仲間といることが不安要素になります。親や仲間集団に否定的な感情をもっていたり、仲間集団が青年を仲間として認めない、青年が自分の欲求にあった集団を見つけられないことは、疎外という危機状況をつくり出すのです。

きょうだいにとっては、既存の集団に帰属意識をもてず、ケアラーである属性を公開または非公開にかかわらず本音を話せる集団が見つけられないこともあります。きょうだいは集団同一性を十分に獲得できないことで、居場所をもてず疎外感を抱いてしまうことになるでしょう。「兄弟姉妹に障がいを抱える当事者がいる」というのは、学校においては少数派であるため、学校できょうだいが正直に生き、居場所をもつのは簡単ではないのです。

仲田もこの頃は週末の過ごし方や家庭の状況、価値観の違いから同級生が「楽しい」と感じることが、心から「楽しい」と実感をもつことができませんでした。家族で旅行した話を聞いても、旅行どころではないわが家では理解できない楽しさでしたし、誕生日のたびに荒れていたわが家では、誕生日は「何か悪いことが起こる日」としか思えませんでした。長期休みや元旦、クリスマスなども同様でした。そうした価値観のもと学校に行くと、友達との感じ方の違いに困惑し疎外感を抱いていました。「わが家は普通ではない」と価値観とのギャップを薄々感じながらも、わが家を否定したくない思いが強くありました。

② 青年期後期：18歳〜22歳：「自我同一性」対「役割拡散」

この時期は自立に先駆け、急激な変化にさらされます。見た目や年齢は大人に近づいているのに、大人として扱われないことに葛藤し、精神的にアンバランスになりやすい時期でもあります。

受験・進学・就職によるライフステージとしても、大きな挑戦と成功と失敗の現実にさらされます。自分を見つめ、迷い悩んだ結果、自分なりの答えをもつという自我同一性の確立は、青年期における重要な発達課題です。さらに、青年期は自分と向き合うとともに、職業意識を高め、成人期へとつながるライフコースを選択する時期でもあります。

精神疾患などの中途発症の当事者のいるきょうだいは、この辺りから影響が出てくるでしょう。共編著者の木村は、青年期に突然発病した当事者の言動が怖かったことがあります。それはトラウマ的体験で、そのような慢性的な緊張は逆境という心の飢餓を生み、安心感を奪うことになります。こうした子どものトラウマや逆境の多くは本人は語れないため、周囲に気づかれ、共感されにくいものでもあります。そのため、本人にとってのSOSのサインであるはずの表に出た家出等の反抗した態度は、社会一般では、問題行動とみなされやすいのです。

また、親から「誰にも言うなよ」と言われ育ったことや、言ってはいけないというスティグマは、家族という共同体の中できょうだいのセルフスティグマとなって、他者との人間関係の形成、自我形成に影響を与えていたのだと思います。

しかし、こうして価値観として受け入れなかった部分もあるのが青年期の特徴でもあります。改善しない家庭環境と社会から断絶された環境が、きょうだいヤングケアラーの心の成長に影響を与えているとも言えるでしょう。そのため、きょうだいがヤングケアラーの間にサポートにつながり、

※スティグマ＝ギリシア語が語源。奴隷や犯罪者、反逆者などにつけられる烙印のこと。偏見。ある特定の特徴をもつ個人や集団を、特定の病気や特徴と誤って関連づけることを言います。

※セルフスティグマ＝偏見を向けられる対象者自身がもつ自己への偏見のことを指す。

ケアの状況を家族の中で完結させない必要性はきょうだいの自我形成のためにもあるのです。

この青年期全体においても、進学や就職、住まいなどの選択肢が示されているということは重要です。選択肢を示すためには、支援者は「こうするべき」という一つの価値観に捉われずに当事者を取りまく家族の考え方を傾聴しつつ、家族に寄り添う必要があります。大きく家庭環境が変わらずとも、リフレーミングをし、家族自らが家庭環境のあり方を捉えなおすことで「支援の手を借りよう」「第三者を頼ろう」という気持ちを養っていくことが大切です。これは医療・福祉サービスを利用する親が積極的に支援につながってサポートを頼ろうと思える関係性をつくるうえで、支援者に求められている大切な視点かと思います。

仲田（5ページ）や佐藤さん（26ページ）のように、この時期の大学の先生との出会いや新たな価値観との出会いが自我同一性や主体的な意思決定のきっかけになりました。共編著者の木村もすでに成人期でしたが、看護学校や看護大学での恩師との出会いが今につながる良い意思決定につながっています。

現状として、こうした家族支援（精神的・情報的支援）をきょうだい会などの民間がサポートする役割を担い、きょうだいの心理的な安定に付与している側面があります。この時期にきょうだいの仲間に出会えることは、人生における意思決定に大きく影響を与えるでしょう。

しかし、当事者や家族の生活の直接的な支援に実務として関わるのは、行政を含めた保健・医療・福祉の支援者の方々です。そのため、生活をサポートすることはピアサポートでは難しいため、支援に携わる人の理解や協力は必須になってくるのです。

また、支援を重んずるあまり、当事者や家族に対するパターナリズム的な支援者の関わりは、家族の心を閉ざし、本質的な悩みの相談ができないことにつながるため注意が必要です。

※リフレーミング＝ある枠組み（フレーム）で捉えられている物事の枠組みをはずして、違う枠組みで見ることを指す。今までの考えとは違った角度からアプローチしたり、視点を変えたり、焦点をずらしたり、解釈を変えたりと、誰もが潜在的にもっている能力を使って、意図的に自分や相手の生き方を健全なものにし、ポジティブなものにしていくことができる。

※パターナリズム＝強い立場にある者が利益のためだとして、本人の意志は問わずに介入・干渉・支援することをいう。親が子どものためによかれと思ってすることからきている。

4 きょうだいの主体的な選択が認められ、新しい家庭を営む——成人期（23歳〜50歳）

1／進路選択と就職

この時期は、きょうだいも社会的に自立している年齢です。当事者にケアが必要な場合は在宅療養か入院、入所、サポートを受けながらの一人暮らしなどをしている状況かと思います。そうした当事者の生活やその後の方向性を決め、手続きをする主たる保護者は、この時期は親であることが多いです。しかし、きょうだいは将来を見据えて親に介護が必要になり、親亡き後に備え、自分がどうすればいいのか悩んでいる時期でもあります。

「将来を見据えて地元に戻るべきなのか」「転勤のある仕事は避けたほうがいいか」「大学は自由に選んだけれど、医療や福祉の仕事についたほうが家族のためにいいか」「親がどこまで備えているか」などの不安があります。その不安に対する見通しが立たない状況では、さらなる進学や就職、住まいなど人生において大きな環境の選択に大きく関わるのです。

2／恋愛と結婚

きょうだいが社会一般と同様に20代～30代で結婚し、出産・子育てを始めたとします。わが子が成人する時期には、きょうだいが40代～50代になっているでしょう。それまで当事者のケアを親が担っていたとしても親亡き後に備える課題や親のケアと同時に突然の当事者のケアのダブルケア、子育て中ならさらにトリプルケアの状況になることも想定されます。

そうした状況をきょうだいは成人期においても必死に考えます。そのため、将来のケアを理由に恋愛に後ろ向きになることもあります。さらに偏見により結婚が難しくなる事例もあります。「相手やその親に正直に言ったら結婚が破綻になるのではないか」「結婚や家庭、子どもに恵まれても将来、家庭に迷惑をかけるのではないか」などの不安を抱くのです。

3／成人期の「心理社会的発達課題」の特徴

①成人前期：23歳～30歳：「親密性」対「孤独」

他者との同一性の合致が親密性に導き、他者との闘争的関係が孤独を招く時期です。またこの時期は、きょうだいが社会人として親から自立をし、新しい家庭を築きはじめる時期でもあります。

きょうだいがケアを担っている状況が続くと、原家族（親）から自立し、新しい家庭を築くことが難しくなります。その状況が続けば結婚以前に、恋愛も同様に後ろ向きになります。各地のきょうだい会で挙げられる大きな悩みやトピックとしても、恋愛・結婚の話題は多く、この時にケアの負担を軽減できない状況であると、きょうだいは同世代からさらなる孤独感を抱き、その感じ方の違いから引け目を感じ将来の希望を見失いやすくもなります。

林さんの実体験（41ページ）と照らし合わせると、青年期に当事者は障がいを抱えていなかったため、ＯＬの仕事を選んでいたということは、当事者の発病タイミングでは同世代とのズレは感じにくく、一定の帰属意識とアイデンティティの確立ができていた状況であると言えます。そのため、当事者であるお姉さんの発病以降も心理的な距離感を保ちながら過ごすことができていました。しかし、当事者の病状・状況が改善していかないことが、さらなるケアの道を続ける選択肢を生み出したと言えます。

②成人後期：31歳〜50歳：「世代性」対「停滞」

この時期は、新しい家庭を築き、次世代の基礎を固めていく（子育て）時期と言われます。社会生活では、体力の低下やその他のあらゆる環境の変化、人生の成功の指標にもさらされます。管理職になった人は職場での調整する業務、人間関係上のストレスを抱えますが、管理職になれなかった場合は、同年代のいわゆる成功者と比較され、挫折を感じることで抑うつ的になる時期です。

きょうだいにとって、人生の成功の指標という意味では、仕事のみならず家庭を築くことも指標にさらされます。そのため、ここでも恋愛観、結婚観はきょうだいにとって葛藤の要因になりうるのです。

原家族の命や生活を守るための緊急性を優先しはじめると、親や当事者のケアに尽力することになるため、これからの自分自身や新家族へエネルギーを注げない不安・不満を感じます。そのため、たとえ結婚していたとしても出産・育児に踏み出しにくい感情を抱くのです。また、親の介護が発生することで、それまで親が当事者のケアをしていたとしても、それを放棄するかたちになるため、きょうだいにとって多大な負担となることがあります。

そのため、きょうだいは自身の親の介護や看取りを経験する時期でもあるため、アイデンティティの喪失も感じやすく精神的に不安定にもなります。

これは、本書で体験談を書いた私たちが、これから直面する課題です。

5 きょうだいの人生の振り返りと親亡き後――成熟期（51歳〜）

1／実際の親亡き後

親の残した所有物やお金などの対応に追われます。親が事前に書いた正式な遺言書がなければ、場合によっては法的な手続きをする上で、当事者に後見人が必要になってきます。その後、残された当事者ときょうだいは、唯一の身内でありながらも亡くなるのはどちらが先かという不安を抱えます。

そのような不安を抱えつつ必死に当事者のケアを優先していると、きょうだいはここでも自分のことは後回しになりがちです。果たして、成熟期に向けた人生設計やキャリア形成について見越した人生を青年期や成人期に考えられるのでしょうか。原家族のケアをすでに担っており、新しい家族をつくらず過ごしてきた場合は「できるだけ身軽に生きよう」と考えることもあるでしょう。新しい家族をつくってきた場合には配偶者や子どもの存在が「自ら亡き後、家族に何を残そう」と当事者以外の心配事も出てくるでしょう。これまでの人生における選択とそれによって置かれた環境の違いが成熟期の捉え方や生活を大きく左右させるでしょう。

2／成熟期の「心理社会的発達課題」の特徴

○成熟期：51歳〜：「統合」対「絶望」

この時期は、自身の人生を振り返り、意味づけを行っていきます。人生の納得と受け入れが充足感や感情の統合に導き、逃した過去の出来事や選択肢を取り戻すには遅すぎるという不満感情が絶望を招きます。

ケアラーに置き換えると、成熟期までに家族との距離を置き調整していると「自分の人生、今が大切」と捉え、生きていくことができます。成熟期、親亡き後にも引き続き当事者のケアに参画をしていると、それまで「目の前のこと（今）で精一杯」だったからこそ、この時期に葛藤が生まれると思われます。その上で「それも含めてわが人生」と過去を受容し、前向きに感情を統合し、人生を送る人もいれば、「どうしてこうなったのか」と絶望感に苛まれる人もいるでしょう。

本書で体験談を執筆いただいた方々や私たちは、成熟期の葛藤に置かれたことはまだありません。しかし、ケアを担ってきたことで、自分自身に何かあきらめの感情があるとしたら、今からでもやり残したことを消化するようなお金や時間の使い方ができると成熟期になっても前向きな捉え方をできると思います。これから迎えるライフステージを想定して、私たちは今どう生きるか考え、それぞれのライフステージで納得のいく選択をしていくことが大切です。ケアラーにとってお金と時間の余裕をもつためには、ケアをしながらでも、不利にならず、社会的に評価もされるキャリア形成の視点が社会に広がっていく必要性があるのではないでしょうか。

諸外国では、当事者性そのものが価値のあるものとして評価され仕事になることもあります。例えば、精神障害のピアサポートにおいても、支持者の一員として評価され、雇用される実態もあるのです。ピア（当事者）という意味でケアラーもまた会社組織の中で、これからケアを担う可能性のある職員の安心して働ける環境づくりに貢献できるのではないでしょうか。日本においても、企業ではそのような考え方が広まりつつあると言えます。

Part 3

ヤングケアラーへの調査動向と支援の取り組み

これまでは、きょうだいの実体験をもとに考察してきました。ここでは、国や研究機関、地方自治体の調査や報告によるデータから日本や地域のヤングケアラーの実態を考えていきましょう。

このＰａｒｔでは、各調査にもとづき「当事者」は障がい児・者ではなく、ヤングケアラー自身のことを指している。また、「きょうだい」は障がいに関係なく兄弟姉妹のことを指している。

※調査に著者がコメントを添えていますがそこでは、障がい児・者を「当事者」と表現しています。

1　厚生労働省などの調査・研究・通知

厚生労働省では、２０１８年から計3回にわたり、外部委託という形で、実態調査・研究をしてきました。その後、２０１９年7月に各都道府県・指定都市・中核市の児童福祉主管部（局）長に向けて「要保護児童対策地域協議会におけるヤングケアラーへの対応について」という形で厚生労働省としての通知も出ています。

これらの一連の報告書から理解できるのは、きょうだいヤングケアラーの多さ（幼いきょうだいのケアが最も多い）と、社会やヤングケアラー自身のヤングケアラーであることの認識の低さです。社会的認知が広まっていないということは、支援対象として認識されにくいということでもあります。ヤングケアラーが救われるためには、はじめに全国各地で啓発活動が必要であることがわかります。

国の調査と報告をきっかけに、報道で取り上げられる機会も増え、各地方自治体でも調査や条例化、相談窓口や支援体制づくりが進みつつあります。

ではまず国の調査について細かく見ていきましょう。

1／「ヤングケアラーの実態に関する調査研究」
――2018（平成30）年度　子ども・子育て支援推進調査研究事業

この調査は、国としてはじめて行ったヤングケアラーに関する調査です。調査の対象は当事者に直接アンケートをとるのではなく、地方自治体の要保護児童対策地域協議会（以下、要対協）からみた調査という限定的な調査でもあります。

要対協は児童福祉法を根拠に設置され、設置主体は地方自治法第1条の3に規定する地方公共団体であり、普通地方公共団体である市町村および都道府県のほか、特別地方公共団体である特別区や地方公共団体の組合（一部事務組合や広域連合）等も含まれます。

個別の要保護児童等に関する情報交換や支援内容の協議を行うことから、基本的には住民に身近な市町村が設置主体となりますが、地域の実情に応じて複数の市町村が共同で設置することも可能です。対象児童は、児童福祉法第6条の3に規定する「要保護児童（保護者のない児童又は保護者に監護させることが不適当であると認められる児童）」であり、虐待を受けた子どもに限られず、非行児童なども含まれます。子どもの生命や養育環境をサポートしていくためのネットワークであるため、家庭環境に何らかの困難さがあると言えます。

（1）調査目的と回答数

ヤングケアラーである子どもが適切な養育を受け、健やかな成長と教育の機会を得られ、子どもが介護・世話をしている家族に必要な福祉サービスを届けられるように支援することが重要です。そのため、全国での実態を把握・分析し、今後のヤングケアラーへの必要な支援方策の検討につなげることを目的として調査が行われました。

全国の要対協に対し郵送でアンケート調査票を配布、郵送にて調査票を回収（一部メールにて回収）。厚生労働省の委託を受けて三菱ＵＦＪリサーチ＆コンサルティング株式会社が実施しました。

自治体票……発送数１７４１件、有効回答数８４９件

個票……有効回答数９０６件

全国の要対協におけるヤングケアラーの認識は27・6％でした。児童福祉主管部や児童相談所、教育委員会などの行政機関や国、学校現場、民生児童委員協議会などの子ども支援に携わる専門家たちの認知度が決して多くはないということがわかります。

（2）調査に見る当事者の認識

ヤングケアラー当事者が「自分がヤングケアラーである」ことを認識している割合は11・8％でした。決して多いとは言えない割合です。

ヤングケアラー当事者の認識　（％）

子ども自身が認識している	11.8
子ども自身が認識していない	44.5
その他	1.8
わからない	41.1
無回答	0.9

報告書p33

これは要対協からみたヤングケアラー当事者の認識の有無です。

学年別にみると、「子ども自身が『ヤングケアラー』と認識している」のは、小学生では8・0％であるのに対し、中学生は12・8％、高校生では14・9％と、年齢が上昇するにつれ、徐々に認識している割合が高くなっていますが、そのほとんどがヤングケアラーと認識していない現状があります。

(3) ケアを行っている対象者（複数回答可）

このデータからは、1位「きょうだい」2位「母親」3位「父親」と続き1親等以内の介護が多いことがわかります。

ここで書かれている「きょうだい」は「障がいを抱えるきょうだい」と「幼いきょうだい」も含みます。

(4) きょうだいのしているケアの内容

ここでのきょうだいのケアは、障がいの有無を問わずにきょうだいのケアをしていることも指しています。そのほかの、見守りや食事・家事のヤングケアラーの参加は、核家族化、夫婦共働き家庭の増加に

ケアをしている家族（複数回答）（％）

きょうだい	72.6
母親	46.9
父親	12.5
祖母	3.5
祖父	1.8

※資料をもとに一部順序を改訂。
報告書 p34

学年別認識（％）

	認識している	認識していない
就学前	0.0	41.7
小学生	8.0	50.5
中学生	12.8	45.0
高校生	14.9	34.0
その他	20.3	37.3

＊回答100％に対する割合。
※資料をもとに一部抜粋。報告書 p33

よって担い手がいないという背景があるのではないでしょうか。

（5）ケアをしている理由

ケアをしている理由としては、「年下のきょうだいがいるため」という理由が最も多く58・8％。「きょうだいに障がいがあるため」という理由は10・5％でした。障がいを理由にしたケアは比較的に少ない割合ですが、この割合は調査対象を要対協と限定しているため、実態とは対象群による偏差があることが推測されます。しかし、有効回答数を考慮すると要対協の家庭で、９０６人中約95人が障がいを理由にきょうだいのケアをしている実態があったということがわかりました。

学年別にみると「きょうだいに障がいがあるため」と答えたのは、小学生では9・3％であるのに対し、中学生は10・0％、高校生では14・9％と、年齢が上がるにつれ、きょうだいの障がいを理由にケアに参加することが増えていると報告しています。これは、学年が上がるごとに新たに発症することや確定診断を受ける可能性が増える背景が関係していると思われます。

ケアをしている理由（複数回答）　（％）

年下のきょうだいがいるため	58.8
親が仕事で家族のケアに十分に携われないため	31.9
他にする人がいないため	18.2
きょうだいに障がいがあるため	10.5

※資料をもとにきょうだいに関わる項目を抜粋。
報告書p39

きょうだいのしているケアの内容
（複数回答）（％）

きょうだいのケアをしている	80.3
身の回りの世話	41.0
食事の世話（買い物、食事を作る、食べる介助、片付けなど）	37.5
家の中の家事	31.6
見守り（直接的な介助はないが、要ケア者の心身状態の見守り）	28.4

※資料をもとにきょうだいに関わる項目を抜粋。
報告書p35

今回は、支援者側の回答なので第三者の認識で左右されるでしょう。

(6) きょうだいの状況

当事者の属性としては幼いが60・6%で圧倒的に多いですが、次いで発達障害は10・9%、知的障害4・4%、身体障害が3・5%、精神障害が1・2%、依存症が0・2%でした。

複数回答であるため、症状の合併もあり得ます。ケアを聞くと身体的なものを連想する方も多いとは思われますが、障がいを理由にケアをしているきょうだいヤングケアラーの状況は身体障害よりも発達障害と知的障害の割合が高い実態であることがわかりました。

(7) 学校生活でみられる影響の特徴

ここでわかることは、子どもたちは直接的にSOSを出す以外に、学校生活上で困難さが出てきていることで、間接的なSOSを出していることがあるということです。ケアを理由に寝る時間が少なくなり宿題ができない、朝起きられない、学校で集中できない、忘れ物をする、学校を休みがちになる。これらの学校でわかるヤン

学校生活でみられる影響の特徴（複数回答）（%）

学校に行っていない、休みがち	31.2
授業に集中できない、学力が振るわない	12.3
遅刻が多い	11.9
忘れ物が多い、宿題をしていない	10.0

※資料をもとにきょうだいに関わる項目を抜粋。
報告書p25

きょうだいの状況（複数回答）（%）

幼い	60.6
発達障害	10.9
知的障害	10.8
身体障害	3.5
精神障害	1.2
依存症	0.2

※資料をもとに一部抜粋し順序を改訂。
報告書p35

グケアラーの特徴を身近にいる大人たちは注意してみておく必要があります。

これまでは、介護＝高齢者介護という認識が一般的でありましたが、この調査の中では介護を担っているのはきょうだいの割合が最も多いという事実がわかったと言えます。当事者は「ヤングケアラーである」と認識しにくいが、学校生活の様子の中でSOSを出していることもこれらの調査で明確化されています。特に、ケアをすることになった理由における「親が仕事で家族のケアに十分に携われなかった」「他にする人がいないため」は合わせて50・1％と、この割合は少なくありません。子どもがきょうだいの親役割を担っているのです。

調査結果を踏まえると、ヤングケアラーがケアを担うことが、家庭では当たり前になっており、学校生活に影響があってもケアが優先されることが、家庭における「常識」となっているのでしょう。ヤングケアラーがそこから抜け出せないのは、家族全体が確かにケアが必要であっても社会的サポートにつながっていないことも要因に関わっているのではないでしょうか。

2／「ヤングケアラーの早期発見・ニーズ把握に関するガイドライン」

――2019（令和元）年度　子ども・子育て支援推進調査研究事業

2018年度の子ども・子育て支援推進調査を土台に、子どもと関わりのある関係者が過度な負担なくヤングケアラーを早期発見するためのアセスメントシート（案）が作成されました（巻末203ページ）。

ここでは、ヤングケアラー支援に必要とされる視点、アセスメントシート（案）の活用方法を検討し、今後の取り組みの参考となる支援事例や研修プログラム等を整理したガイドライン（案）が作成されました（https://www.murc.jp/wp-content/uploads/2020/04/koukai_200427_10_2.pdf）。

3／通知「要保護児童対策協議会におけるヤングケアラーへの対応について」

先行し行われた実態調査・検討を踏まえ、厚生労働省は、こども家庭局家庭福祉課長から各都道府県・指定都市・中核市　児童福祉主管部（局）長あてに２０１９（令和元）年7月4日に地方自治体へ通知（子家発０７０４第1号）を出しました。

これにより、要対協のヤングケアラーに対する現状の調査結果や、今後支援体制をつくるために国の作成したアセスメントシート及びガイドラインの活用について、ヤングケアラー政策における地方自治体の学校・教育委員会、高齢福祉・障害福祉の窓口の担う役割が国から示されたと言えます。

通知「要保護児童対策協議会におけるヤングケアラーへの対応について」

虐待を受けている子どもをはじめ、要保護児童の早期発見や適切な保護を図るため、市町村が設置する要保護児童対策地域協議会（以下「要対協」という。）においては、関係機関で子どもとその家族に関する情報や支援方針を共有し、適切な連携の下で対応していくこととしている。

今般、厚生労働省では、要対協を対象として、「ヤングケアラー」と呼ばれる子どもたちをどのように捉えているかなど、その実態について調査を実施したところである。（「ヤングケアラーの実態に関する調査研究」（平成30年度子ども・子育て支援推進調査研究事業。以下「実態調査」という。））

本実態調査の結果、ヤングケアラーの概念を認識している要対協は3割弱にとどまっており、ヤングケアラーの概念を認識している要対協であっても、当該子どもの生活実態を把握しているのは半数程度であった。

ついては、本実態調査の結果を踏まえ、要対協においてヤングケアラーの概念について認識をいただくとともに、関係機関によりヤングケアラーに対する支援が行われるよう、下記について適切な対応を図られるようお願いする。

都道府県にあっては、管内市区町村（指定都市・中核市を除く。）に対して周知していただくよう併せてお願いする。

なお、本通知は、地方自治法（昭和22年法律第67号）第２４５条の4第1項の規定に基づく技術的な助言である。

1．ヤングケアラーの概念について

実態調査では、年齢や成長の度合いに見合わない重い責任や負担を負って、本来、大人が担うような家族の介護（障がい・病気・精神疾患のある保護者や祖父母への介護など）や世話（年下のきょうだいの世話など）をすることで、自らの育ちや教育に影響を及ぼしている18歳未満の子どもを「ヤングケアラー」と定義されている。

実態調査では、ヤングケアラーの4割以上が、1日平均5時間以上、介護や世話を行っており、また、ヤングケアラーの3割以上が学校にあまり行けていない（休みがち）といった状況にある。

子どもの中には、こうした家族の介護等が必要なことにより、子どもの健やかな成長や生活への影響からネグレクトや心理的虐待に至っている場合があることを認識する必要がある。

なお、今年度の厚生労働省の調査研究事業において、こうした子どもや家族を適切に把握するためのアセスメントツールの開発について研究を実施する予定であるので、併せてお知らせする。

2．要対協に求められる役割について

1．のヤングケアラーの概念について、要対協調整機関は、構成機関に対して周知し、実態把握に努めるとともに、要対協に登録されている子どもや、新規に登録を検討する際や、その支援方針を検討する際には、ヤングケアラーではないかという観点から家族の要介護者等の有無やその支援の状況、子どもの学校の出欠状況など家族全体の状況を共有してアセスメントすることが重要である。

実態調査によれば、特に子どもは、自分自身がヤングケアラーであると認識していることが少なく、学校からの情報を契機として要対協にケース登録される割合が高いといった結果に留意の上、学校・教育委員会との情報共有に努められたい。

また、支援方針を策定する上で、家族に要介護者等がいる場合には、その介護・世話等の実態を踏まえた上で、養育支援訪問事業による家事援助や介護保険サービス、障害福祉サービスなど適切な支援につなげていくよう留意するとともに、高齢者福祉、障害者福祉部局などの関係部署との連携を図られたい。

4／「ヤングケアラーの実態に関する調査研究報告書（案）」

——ヤングケアラー全国学校調査

２０２０（令和２）年７月に埼玉県が国に先んじてヤングケアラーである中高生の当事者にアンケートを実施してきましたが、同年12月に国としては初めてのヤングケアラーへの直接調査を行いました。さらに学校の調査も同時に行われました。

このデータは、自由記述も含め細かな質問による回答が得られており、ヤングケアラーを取り巻く実態を知る上でヤングケアラー本人からの直接的な声を集めたため具体的で貴重なデータと言えるでしょう。ここで触れる中高生へのアンケート結果は、膨大なデータの中からきょうだいヤングケアラーに関係する部分を抜粋しました。

1．学校調査の概要と結果

全国の公立中学校の約１割にあたる１０００校を層化無作為にて抽出。
全国の公立高校の約１割にあたる３５０校を層化無作為にて抽出。
公立の定時制高校を各都道府県により１校ずつ無作為抽出で47校。
公立の通信制高校を各都道府県により１校ずつ無作為抽出で47校。

学校内での調査の回答者は、副校長・教頭が最も多かった。

①学校現場でのヤングケアラーの認知度

ヤングケアラーについては、「言葉を知っているが、学校としては特別な対応をしていない」と答えたのが最も多く、中学校で37・9%、全日制高校で53%、定時制高校で48・1%、通信制高校65・7%でした。

②学校現場でヤングケアラーへの対応について

ヤングケアラーについて「言葉を知っており、学校として意識して対応している」と答えたのは中学校で20・2%、全日制高校で9・6%、定時制高校で22・2%、通信制高校0%とばらつきもみられました。

③学校現場におけるヤングケアラーに該当する生徒の把握実態

ヤングケアラーの定義に該当すると思われる子どもが「いる」と答えたのは、中学校で46・6%、全日制高校49・8%、定時制高校で70・4%、通信制高校60・0%でした。

④学校現場からみたヤングケアラーのケアの内容

ヤングケアラーと思われる子どもの状況について聞いたところ、中学校、全日制高校では、「家族の代わりに、幼いきょうだいの世話をしている」(中学校79・8%、全日制高校70・2%)が最も高くなっていました。次いで、中学校では、「障がいや病気のある家族に代わり、家事(買い物、料理、洗濯、掃除など)をしている」が29・3%、全日制高校では「家計を支えるために、アルバイト等をしている」が64・5%となっていました。

「家族の代わりに、障がいや病気のあるきょうだいの世話をしている」と答えたのは、中学校で10・0%、全日制高校で16・1%、定時制高校で21・1%、通信制高校で33・3%でした。これは、中学生で10校に1校、高校生で平均23・5%と5校に1校という数字になります。

2.中高生へのアンケート調査の結果

①家族構成

家族構成は、いずれの学校種でも「二世代世帯」が最も高かった。それは、家族のあり方について核家族化していることを指します。

定時制高校2年生相当、通信制高校生は他に比べ「ひとり親家庭」がやや高く、通信制高校生では「三世代世帯」も他に比べやや高くなっています。家族構成という視点からみると「ひとり親家庭」では、きょうだいのケアや親のケアの可能性が出てくるでしょう。「三世代世帯」では、祖父母とも同居しているということなのでさらに広い介護の可能性がでてくるでしょう。

②世話をしている家族の有無

世話をしている家族がいると答えた割合は中学校で5・7%、全日制高校2年生で4・1%であったが、定時制高校2年生相当では8・5%と通信制高校生では11・0%と高く出ていました。全体としてこの1割弱の数字を多いと捉えるでしょうか。それとも、少ないと捉えるでしょうか。クラスに1～2人と言われると現実味を感じますね。

③世話を必要としている家族

世話を必要としている家族については、いずれの学校種でも「きょうだい」が最も高く、特に、中学2年生は、「きょうだい」の割合が他

家族構成 (%)

	調査数（n=）	二世代世帯	三世代世帯	ひとり親家庭	一人暮らし・寮・施設	その他の世帯	無回答
中学2年生	5,558	70.1	12.8	14.6	0.1	2.2	0.3
全日制高校2年生	7,407	61.6	15.8	18.7	0.5	3.2	0.2
定時制高校2年生相当	366	55.7	13.4	26.0	1.1	3.6	0.3
通信制高校生	446	44.8	20.9	23.8	2.0	7.6	0.9

報告書p86

世話をしている家族の有無 (%)

	調査数（n=）	いる	いない	無回答
中学2年生	5,558	5.7	93.6	0.6
全日制高校2年生	7,407	4.1	94.9	0.9
定時制高校2年生相当	366	8.5	89.9	1.6
通信制高校生	445	11.0	88.1	0.9

報告書p92

に比べ高くなっていました。次の④であるように、幼いきょうだいのケアが理由で高くなっていると考えられます。

④きょうだいの状況

世話を必要としている家族として「きょうだい」と回答した人に、きょうだいの状況を聞いたところ、いずれの学校種でも「幼い」が最も高くなっています。

73ページの要対協対象の調査では発達障害の項目はありましたが、このアンケートの選択肢に発達障害の項目はなく、知的障害またはその他に分類されたと思われます。また、精神疾患は当事者が若年であることから未診療・未診断の場合も多く含み、家族としてきょうだいが、何が理由で世話をしているのかわかりにくい現実があるかと思われます。

世話を必要としている家族（複数回答）　（%）

	調査数（n=）	父母	祖父母	きょうだい	その他	無回答
中学2年生	319	23.5	14.7	61.8	3.8	9.4
全日制高校2年生	307	29.6	22.5	44.3	5.5	8.8
定時制高校2年生相当	31	35.5	16.1	41.9	12.9	9.7
通信制高校生	49	32.7	22.4	42.9	12.2	0.0

報告書 p92

きょうだいの状況（複数回答）　（%）

	調査数（n=）	幼い	知的障がい	身体障がい	精神疾患、依存症（疑い含む）	精神疾患、依存症以外の病気	その他	無回答
中学2年生	197	73.1	14.7	5.6	4.6	0.5	5.6	9.6
全日制高校2年生	136	70.6	8.1	6.6	1.5	0.7	9.6	11.8
定時制高校2年生相当	13	46.2	23.1	0.0	7.7	0.0	7.7	15.4
通信制高校生	21	47.6	14.3	4.8	19.0	4.8	33.3	0.0

※資料をもとに一部順序を改訂。報告書 p95

⑤きょうだいへの世話の内容

世話を必要としている家族として「きょうだい」と回答した人に、世話の内容を聞いたところ、中学2年生は「見守り」が最も高く、全日制高校2年生は、「家事（食事の準備や掃除、洗濯）」が最も高かった。全日制高校2年生は、中学2年生に比べ「きょうだいの世話や保育所等への送迎など」が他に比べ高くなっています。

きょうだいヤングケアラーにとって、ケアしている状況に疑問を抱かなかったり、理由について考える機会もないかもしれません。親や専門家は「障がい」について、どこまで説明を受けているかも大きく、ここでの回答に影響しているのではないでしょうか。複数回答が可能でもそれが「障がい」を理由にという選択肢を選ぶことは簡単ではないでしょう。

⑥世話をしているために、やりたいけどできないこと

世話をしているために、やりたいけどできないことについては、中学2年生、全日制高校2年生では「特にない」が最も高いが、その他では、「自分の時間をとれない」が最も高くなっています。

⑦世話について相談した経験

相談した経験が中学2年生で21・6%、全日制高校2年生で23・5%に対して、定時制高校2年生相当32・3%、通信制高校生34・7%と高い割合になっている。10%以上の高さの違いの背景には

きょうだいへの世話の内容（複数回答）

（%）

	調査数（n=）	家事（食事の準備や掃除、洗濯）	きょうだいの世話や保育所等への送迎など	身体的な介護（入浴やトイレのお世話など）	外出付き添い（買い物、散歩など）	通院の付き添い	感情面のサポート（愚痴を聞く、話し相手になるなど）	見守り	通訳（日本語や手話など）	金銭管理	薬の管理	その他	無回答
中学2年生	197	37.6	34.0	20.8	21.3	2.0	21.3	68.0	3.0	2.5	3.0	5.1	5.1
全日制高校2年生	136	56.6	43.4	16.2	16.2	2.2	17.6	53.7	0.7	4.4	2.2	8.8	5.9
全日制高校2年生相当	13	38.5	46.2	7.7	38.5	15.0	15.4	46.2	7.7	15.4	0.0	0.0	15.4
通信制高校生	21	71.4	33.3	14.3	23.8	9.5	33.3	38.1	0.0	14.3	4.8	9.5	0.0

※通信制高校生は「18歳以下」と「19歳以上」の合計。報告書p95

世話をしているために、やりたいけどできないこと（複数回答）

（%）

	調査数（n=）	学校に行きたくても行けない	宿題や勉強する時間がとれない	睡眠が十分にとれない	友達と遊ぶことができない	部活や習い事ができない、もしくは辞めざるを得なかった	進路の変更を考えざるを得ない、もしくは変更した	自分の時間をとれない	その他	特にない	無回答
中学2年生	319	1.6	16.0	8.5	8.5	4.7	4.1	20.1	0.3	58.0	10.7
全日制高校2年生	307	1.0	13.0	11.1	11.4	2.3	5.5	16.6	1.6	52.0	16.0
全日制高校2年生相当	31	0.0	12.9	16.1	16.1	0.0	6.5	19.4	0.0	58.1	16.1
通信制高校生	49	14.3	28.6	22.4	30.6	8.2	12.2	40.8	2.0	24.5	2.0

※資料をもとに一部表現を改訂。報告書p98

周囲を頼りやすい何かしらの理由があるのではないでしょうか。

⑧世話についての相談相手

世話についての相談相手は、いずれの学校種でも「家族（父、母、祖父、祖母、きょうだい）」が最も高く、次いで「友人」となっています。

この結果から、支援に携わる大人には相談しにくい状況があることがわかります。その理由としては⑨を参照ください。

⑨世話について相談したことがない理由

世話について相談した経験が「ない」と回答した人に、その理由について聞いたところ、いずれの学校種でも「誰かに相談するほどの悩みではない」が最も高い。次いで、中学2年生、全日制高校2年生は「相談しても状況が変わるとは思わない」が高くなっています。

その他の項目も踏まえると、ヤングケアラーが相談することによる利益よりも不利益の方が大きく、周囲の人間に期待できていない感情があることもわかります。

世話について相談した経験　（%）

	調査数（n=）	ある	ない	無回答
中学2年生	319	21.6	67.7	10.7
全日制高校2年生	307	23.5	64.2	12.4
定時制高校2年生相当	31	32.3	51.6	16.1
通信制高校生	49	34.7	63.3	2.0

報告書p99

世話についての相談相手（複数回答）

（%）

	調査数（n=）	家族（父、母、祖父母、きょうだい）	親戚（おじ、おばなど）	友人	学校の先生（保健室の先生以外）	保健室の先生	スクールソーシャルワーカーやスクールカウンセラー	医師や看護師、その他病院の人	ヘルパーやケアマネ、福祉サービスの人	役所や保健センターの人	近所の人	SNS上での知り合い	その他	無回答
中学2年生	69	69.6	8.7	40.6	13.0	4.3	7.2	1.4	1.4	0.0	1.4	7.2	1.4	1.4
全日制高校2年生	72	69.4	8.3	47.2	18.1	4.2	8.3	2.8	4.2	1.4	1.4	9.2	1.4	4.2
定時制高校2年生相当	10	70.0	10.0	10.0	10.0	0.0	0.0	0.0	0.0	0.0	0.0	10.0	10.0	10.0
通信制高校生	17	76.5	11.8	47.1	11.8	5.9	5.9	17.6	0.0	17.6	0.0	17.6	5.9	0.0

報告書 p100

世話について相談したことがない理由（複数回答）

（%）

	調査数（n=）	誰かに相談するほどの悩みではない	家族以外の人に相談するような悩みではない	相談しても状況が変わるとは思わない	誰に相談するのがよいかわからない	相談できる人が身近にいない	家族のことのため話しにくい	家族のことを知られたくない	家族のことに対して偏見をもたれたくない	その他	無回答
中学2年生	216	74.5	15.3	24.1	11.1	4.6	12.0	7.9	8.3	4.6	3.2
全日制高校2年生	197	65.0	17.8	22.8	7.1	9.1	11.7	9.1	11.2	4.6	3.0
定時制高校2年生相当	16	62.5	6.3	6.3	6.3	18.8	18.8	25.0	12.5	6.3	6.3
通信制高校生	31	45.2	25.8	41.9	22.6	19.4	22.6	16.1	19.4	3.2	45.2

※資料をもとに一部順序を改定。報告書 p100

⑩自由意見

きょうだいに関することを抜粋一部要約しカテゴリ分けしました。現代の中高生の記載した正直な気持ちがこんなにも生産的で具体的で説得力をもつものなのか、以下の自由意見をみて驚きました。これから、体制づくりをしていく上で、この声をていねいに拾っていく必要があります。細かく分類分けをしてみていきましょう。

ヤングケアラーが思う必要な配慮

睡眠時間も削られてしまうこともあり、授業中眠くなったり、集中が切れることがよくあるので、気軽に先生方に勉強の仕方やわからないところを質問できるような環境が欲しい。勉強面でも生活面でも精神面でも安心できるような環境が欲しい。相談も勇気がないとなかなかできないので、相談しただけでもほめてあげて欲しい。相談を聞いてくれるだけでも本人は楽になると思う。

ヤングケアラーやその他、類似する状況にある人は面倒で複雑な環境下におり、自分のしたいことや自分のために投資したいことがほとんどできない。必要なことは大きく2つあると思う。1つは、自分の代わりに無償で家族や周りの人をケアしてくれる人を探すこと。2つ目は、自分自身が習い事や部活、アルバイトなどに取り組めるように支援してくれることである。1つ目に関しては、幼稚園の送迎者のドライバーや家政婦、介護士、通訳などが「ついでにやってる」感があると抵抗なく利用できると思う。また、親が相談しやすいよう心がけないと変わらない。また、受験生になってからではなく、早いうちから進路にかかる費用や補助金などの仕組みを教えていただけるとありがたい。

2つ目については、夜遅くまで勉強できるように、机と椅子を貸してくれる開放的な場所があると嬉しい。スクールカウンセラーを増やして欲しい。私の家は経済的に厳しく、受験料、大学進学にかかる費用、生活費、運転免許取得の費用、習い事、資格取得費、将来、家族にかかる費用など、普通の人のように過ごしたくても借金まみれで、外出した時、目に映るものが全て自分にはないものだと苛立ったこともある。

ヤングケアラーにとっては学校の課題に取り組めなかったり、進路に向けて講習への出席が必要なのにできなかったりといったことがあると思う。あからさまな特別扱いはできないかもしれないが、課題の量や内容を調節する、講習に出なくても同じ程度学習ができるような配慮（要望に合わせてプリントを配布、質問受付等）をするなどの対策が必要なのではないかと感じた。

学校や生徒側がヤングケアラーへの気遣いや配慮として、学校に行けなくても自宅学習で進路を考えられるような対策や、少しでも学校に楽な気持ちでいけるような空気感をつくることが必要。

学校がその実態を知ることが必要。知らないのに大量の課題を出せばその子の負担になるし、教師が普通の生活が当たり前のようなことを言わないことも大切だと思う。親がヤングケアラーのことをちゃんと知ることも必要。

●ヤングケアラーの状況を知り、思いやりの心を

ここでの意見にもあるように、自分の代わりにケアを代替する人がいないことをヤングケアラーは理解しています。それにより、1人目の意見では学習は捗らず、日中の学校生活にも影響が出て、勉強についていくことが難しくなることもわかります。

さらに、2人目の意見では具体的にサポートが欲しいという意見もありました。実質的なケアを肩代わりしてもらいたいが、場合によっては経済的な理由で機会が得られにくい状況にあるのです。周囲の大人たちには、そういった状況を知り思いやりの心をもってほしいですね。

ヤングケアラーの友人の気持ち

本人から直接的には聞いていない。私は救いたいと思い声をかけたり、相談のるよと声をかけたが、相談してくれることもなく、そもそも家族の問題に友達というだけで足を踏み入れていいのかわからなくなった。その友達は今不登校で、月に一回学校に来てくれたらいい方。ヤングケアラー

が減れば私のように友達を思って苦しむ人も減ると思う。

子どもが大人の手伝いをすることは当然と思っていた。もっとヤングケアラーについて学びたい。

●学校現場では当事者だけでなく、その友達にも思いを馳せて

きょうだい会でもよく悩みのテーマに挙げられるのは「友達や恋人に家族のことについてどう話すか」という点です。家族の状況を話して「友達に嫌われるのではないか」「関係性が変わってしまうのではないか」という不安にあります。

1人目のように友人としてなにかしら心配をしてくれて、理解したいという気持ちに対して、話すのはヤングケアラーの判断ですが、身近な理解者として打ち明けるきっかけになりうるでしょう。

2人目のように新しい価値観に触れることで、それまで当たり前だった価値観が変化することがあります。今後、社会全体においても、このような機会があるといいですね。

学校現場での啓発活動はヤングケアラー本人だけではなく、その友人にも思いやりの心を養うきっかけになりそうです。

アンケートの取り方への疑問

まずは、このような調査が必要だと思うが、「学校からプリントを受け取り、スマホでコードを読み取り、アンケートに答える」という行為そのものが、本当に支援の必要な子どもたちにまで、行き届いているのか、果たして回答できるのか、という疑問を感じる。ネット環境があるのかどうかも含め、学校生活や日常の当たり前のことに、参加できていない子どもを発見する手段を、より具体的に考えたほうがよいと思う。

ケアをしながらでも進める進路がもっと広がってほしい。将来的に、ケアをしている人を養わなければならないようになった時の支援策を検討してほしい。

●「本当に必要な人に届いていない」調査方法

全国調査はあくまで大人の政策的な事情です。回答したヤングケアラー本人にとっては回答することと、自分が救われるかは結びつきません。そして、今回は、2枚の用紙を配布しQRコードを読み込むことでオンライン上にて、アンケートを取ったようです。

この意見からは、この方法は、若者たちの感覚として「本当に必要な人に届いていない」という実感もあったようです。確かにこの方法では回答するためのネット環境や電子媒体もない家庭の意見は拾えなかったということになります。

家族の中でも孤立感情がある

自分がヤングケアラーなのかどうかは正直どっちでもいいが、今の状態はしんどい。母に愚痴を言われすぎると、相談はしにくい。家族よりも友達の方が好きだし、相談もしやすい。一番つらかった時期も自分だけで考えて答えを出したし、家族は私のことを見ているのかなって思った。全部を代わって欲しいとか、ここから逃げ出したりしたいというわけではなく、私にも少し余裕が欲しい。

●親を頼れないヤングケアラー

ヤングケアラーにとって、重要な選択をするときに親や家族に相談する側ではなく、相談される側になっていることは大いにあります。家庭を営んでいる親も孤立しているからこそ、ヤングケアラーはつらそうな親をみて本当の気持ちを話せなかったり、重要な決断をするときに親を頼れなかったりします。

幼いきょうだいの世話をすることへの気持ち

共働きであり、子どもである自分たちのためのお金を稼いでもらってるから、なにか手伝いができないかと思って自主的に家事を始めたのがきっかけであった。共働き家庭で、子どもが家事をする状況に陥るのは、このような背景があるのではないか。今でも強いられているわけではないけど、両親に帰宅後に家事までさせるのは申し訳なくて、家のことを私がしている。

でも、その時間で自分のことがしたいし、休日が1日潰れるのはしんどい。また、高校3年生になったら受験もあるため、家のことを誰がやるのかという不安もある。ずっとこの生活が当たり前だと思ってたけど、友達は全く家事をしない様子を見て不平等感を抱いてしまう。

きょうだいが多ければ、上が下の面倒を見るのは当然だと思うし、下の子の面倒を見る時間は勉強の合間に気晴らしになる。ただ、面倒をみるのがつらいと感じる人はヤングケアラーだと思う。手伝いをしている理由はさまざまだと思うから、なんでもかんでも騒ぎ立てるのもどうかと思う。周りの目を気にして言い出せない水面下の人数は多いだろう。

現在は違うが、私が中学生できょうだいが幼かった頃、夜遅くまで世話をしていて学校の授業に集中できないことがあった。当時は手伝いの感覚で世話をしていたけれど、権利が守られていない状態であったと思われる。その時「ヤングケアラー」について知っていたら、私は支援を求めていた可能性が高いので、もっとこの言葉が認知されてほしいと思った。

私のように幼いきょうだいの世話や他にも自分の時間を取れない子はたくさんいると思う。そのせいで、高校への学力も足りなくなり、精神的にも疲れてしまう。親は私たち子どもが育児をして当然だと思っている。このような事実を知らない人の方が多いと思う。いくら助けを求めても誰も気づいてくれない。だからもっと子どもたちが発言できる場が欲しい。親にも本当に正しいことを知って欲しい。勉強する時間が欲しい。睡眠時間がもっと欲しい。

●自分の時間が確保できないのがつらい

きょうだいヤングケアラーがきょうだいの世話をするにあたって、家族との距離感には個別性があります。しかし、時にケアを担わなければならない状況から離れたり、自分の時間を確保できなかったりすることがきょうだいヤングケアラーの生活に窮屈さを生んでいることがわかります。ケアを担っている渦中にいる場合には、親子ともにそれが当たり前だと思っています。外の力を頼ることにブレーキをかけている一要因になっているのではないでしょうか。

障がいを抱える当事者のいるきょうだいの気持ち

私には障がいのあるきょうだいがいる。きょうだいが産まれたことで、母が私の習い事の送迎ができなくなり、私は習い事を辞めざるを得なかったことがある。きょうだいが体調を崩し、母が仕事を休めなかったときは、私が風邪を引いたということにして学校を休み、看病をしたことがある。また、きょうだいの保育園やデイサービスへ迎えに行ったことも何度もある。

昨年の休校中はきょうだいを預かってくれるところがなく、母が仕事に行っていたため、平日は私とべつのきょうだいが交代で、そのきょうだいの世話をしていた。その間は学校からの課題や勉強ができなかった。しかし、きょうだいと関わったことで医療職に就きたいと思うようになるなど、将来の道を決めることもできた。

私にとってはきょうだいがいることは当たり前で、きょうだいがいることであきらめたことやできなかったことはあるが、それと同じくらい喜びや将来の選択肢をもらったので、きょうだいがいなければよかったと思ったことは一度もない。

私のようなヤングケアラーへの支援を広げるために、障がいのある子を預かってくれるところを増やすことや、ヘルパーを利用できる制度を広げて欲しいと思う。通学や習い事への行き帰りにヘルパーを利用できる制度が整うことで、いつも送迎をしている母の負担が減ると思う。

常にきょうだいの予定が決まってから、その隙間時間で自分の予定を決めていた。きょうだいがしたいことを支えて、余裕があれば自分のしたいことをしていた。本人がしたいことをしてもいいと周りの大人が強く言い続けたり、家事や労働を支援してくれるサービスがあるといい。

家族を大事にするのと同じように、自分も大事にしてもいいと伝える精神的なケアも必要だと思う。支える経験、支えられた経験があると社会に出たとき役立つと思う。

●福祉の充実を求めているきょうだいヤングケアラー

子どもが生活における何かしらのハンディキャップを抱えている場合には、親にとってその子は優先順位が高くなってきます。命に関わったり、不安や不穏状態が続いているとその状況は一見当たり前の感覚かもしれません。しかし、きょうだいヤングケアラーにとっては等しく同じ親の子どもであり、きょうだいなのです。仕方ない状況がわかっていても、自分が対等に扱われているかということをどうしても意識してしまいます。そのため、親がきょうだいのための時間を確保できるように、福祉の充実をきょうだいヤングケアラーたちは求めています。時間をつくるということは、その時間を誰かに代わってもらうことでしか実現できないのです。

ヤングケアラーが相談できる先について

ヤングケアラーの中には、本来なら子どもの考える・する必要のないことで悩む場合がある。そして、そうした子どもは精神面だけが先に成長せざるを得ず、同級生との乖離を感じてしまい、またそこで「どうして自分だけが」と悩んでしまう。「権利の保護」という点では違う話かもしれないが、「精神面のケア」も必要だと考える。

ヤングケアラーとなる要因を取り除いたとしても、子どもは敏感なので、心の傷は残ると思う。行政の電話相談などはあるが、対面で話すわけではないので、伝わりにくいこともある。子どもから直接対面で話を聴く必要がある。子どもも相手の顔が見えた方が安心できるうえに、「自分の話や状況をわかってくれる人がいる」と思えるだけで、気持ちが楽になる。

相談窓口などの場所はあるが、相談しにくくなってしまっていると思った。私も相談窓口などに相談するほどのことではないし、相談しているところを誰かに見られたらと思って誰にも相談しなかったし、しようとしなかった。友達や家族、学校の先生などに相談することは考えたが、相手が私が相談したせいで悩んでしまわないか、また、他の人に知られてしまい、馬鹿にされないか、と不安になり、自分を追い込んでしまった。

●「自分の話や状況をわかってくれる人がいる」ことが希望に

今回の調査に数字で出ているように、役所や保健センターの人などの公的な相談というものを利用したいと思う割合は中学2年生で0%、全日制高校2年生で1・4%ときわめて低いことがうかがえます。今回のアンケートをもとに、今後はいかに信頼する身近な大人を通して相談のきっかけをつくっていくのか、いかに大人に啓発し、子どもの権利の保護意識を高めるのかという点の必要性が示されたと言えるでしょう。

「自分の話や状況をわかってくれる人がいる」ということは、確かにケアをする現実は変わらないかもしれませんが、きょうだいヤングケアラーにとって、明日や未来に希望を持ち続けるための心の支えになると思います。

学校の先生への期待

私は今の担任の先生をとても信頼している。何かに悩んだら相談できる。そういう信頼できる先生が1人でもみんなの周りに増えてくれればいいなと思う。

子どもが保護者以外に困りごとを相談する場合、学校の先生というケースが多いと思う。もちろん先生では対応できないことの方が多いと思うので、そこから対応できるような専門の窓口にすぐつながるような流れがあるといいのにと思う。

ヤングケアラーがいて、家族、生活が成り立っている現状を考えると、中学生ぐらいなら自分でその役割も認識していると思うので、声を上げづらいと思う。大人（教師）が気づいてあげて、相談できる環境と、「困っていることがあったら相談してね」と伝え続けることが大切だと思う。

私たちに一番身近な「家族以外の大人」は学校の先生だから、先生に相談したら行政などへ連携して、必要なケアをしてあげてほしい。

●理解のある大人の助けは何よりも支えに

公的な相談窓口と異なり、家庭以外の相談先として友達や学校の先生、スクールソーシャルワーカー、スクールカウンセラーの存在は大きいことが今回の調査で明確になりました。自由意見にもあるように、「家族以外の大人」は学校にいる大人なのです。

しかし、学校の先生は「発見」には家庭以外の大人として貴重な役割を担いますが、その後の細やかな「対応」まで責任を背負わせない必要があると思います。責任を多くすればするほど抱えきれない現実と負担から、なんとなく状況を知っていても向き合うことを避け、見送る可能性が出てきます。

スクールソーシャルワーカーが市町村や県で採用されているため、その後の細やかな対応の役割は専門家と協力していくことが重要になってくるでしょう。たとえスクールソーシャルワーカーに出会えなくとも、私のように、学校の先生はきょうだいヤングケアラーが家庭や学校で過ごすことが息苦しい時、地域行事やイベントでも、ボランティアでも、地域の自習室として使える施設など、そうした理解のある地域の大人に接する機会を促すことだってできるのです。

きょうだいヤングケアラーが本気で自分の人生をどうにかしたいと思ったときに、そうした理解のある大人の助けは何よりも支えになるでしょう。

スクールカウンセラー・スクールソーシャルワーカーへの期待

自分自身、友達とあまり家庭事情について話すことがなく、友達に相談できるヤングケアラーは少ないと思われるので、相談できる場所（学校のカウンセリング等）がもっと身近で気軽な存在になれば、ヤングケアラーへの支援につながると思う。

中学の時は、全生徒に1回はカウンセラーに相談する機会があったが、高校でもあればよい。友達とは暗い話をすると空気が悪くなるので、悩みや苦しみを伝えたくても話せないし、学校の先生にはあまり話したくない…と考える人は多いと思う。
誰かに相談や悩みを聞いてもらえる状況は、心の支えになることが多いと思うので、とても大切なことだと思う。

自分で声を上げることも、周りからヤングケアラーだと認識されることも難しいと思うので、学校で相談できるといいのではないかと思う。ただ、相談の場があっても、悩んでいる本人が、そこに相談できるのかというのも疑問、不安がある。

一人親や、両親の仕事が忙しく、子どもが抱える負担が増えることはあると思うが、学校でもその相談ができたりサポートしてくれるシステムがあれば良いと思う。

その家族に解決策が出るまで、寄り添い、子どもの幸せを第一に考えてくれる人が、そばにいてあげることが必要だと思う。また、子どもがきちんと納得して、その子のしたいことができるようにすることも大切で必要だと思う。

●話を持ち込みやすい環境づくりを

子どもにとって、スクールカウンセラーとスクールソーシャルワーカーの役割の違いはわかりにくいかと思います。そのため、より役割をわかりやすく、相談しやすくしていく必要があります。公立学校の現状では常駐しているわけではありませんし、かけ持ちして対応しているのが地域のスクールカウンセラーとスクールソーシャルワーカーの現状です。

そうした中で、支援者の時間にあわせて私のヤングケアラー時代のように、授業中抜け出して、学校の個室に入っていくことだけでも、子どもにとってはハードルが高くなります。

自由意見にあるように、誰でも定期的な個人面談や話を持ち込みやすい環境づくりは今後必要であると思います。ヤングケアラーだから、特別に面談するのではなく、メンタルヘルスは全ての人に必要な課題なのです。

学校に来る第三者の存在（学校とは関係性がない人）

ヤングケアラーの人は、親などの世話をしている人が多いと思うので、友達にも言えないし、先生などにも相談しにくいと思う。だからこそ、外部の人など学校とは関係ない第三者を学校に呼び、先生などに知られず、相談できる場所が学校に必要だと思う。

子どもが気軽に相談できるように、人に見つかりにくいところに相談室をつくる。

ピアサポートの必要性

ヤングケアラー同士のコミュニティをつくって相談しやすい環境をつくるのがよいと思う。話を聞いてもらえる場所が必要だと思う。解決よりも前に話を聞いて、一人ひとりの事情を把握する必要がある。そして、その人に合った適切な対応をするべきだと思う。別の人と同じ解決策を提案されても、家庭の収入、周りの協力、家庭環境が家庭によって全く違うから相談する側からしたら、何にもならない。

●選択肢があるということが大切

きょうだいヤングケアラーでも集まりやすい、話しやすいきっかけづくりは大切であると考えます。

コミュニティは学校の中でも外でも双方あっていいと私は考えます。大切なのは選択肢があるということです。同じ学校で仲間に出会いたい（オープンにした上で友達と関わりたい）なら中で、学校とは関係のないところで仲間に出会いたい（今の友達関係を変えたくない）なら、学校の外の会に参加できるといいのではないでしょうか。

意思の尊重の大切さ

ヤングケアラー本人がどうしたいかという意思を尊重するべきだと思う。支援する側の先入観を押し付けないように気をつける必要があると思う。

プライベートでデリケートな問題だと思うので、ヤングケアラー自身が、自分の状況を周囲の友達や地域の人に知られたくないと思っているのなら仕方ないが、まず、ヤングケアラーであるということを発信しやすい環境をつくってあげられるといいと思う。学校と地域の連携によりヤングケアラーの代わりに面倒をみてあげられるサポーターの養成などが必要。

自治体と学校が連携して対象生徒の状態を把握できる体制を整える必要があると思う。中高生になると自分が頑張ればよい、我慢すればよいと思っているので、周りから支援できる環境にするべきだと思う。

その子たちが後悔しないような、その子たち自身のやりたいことをやらせてあげることを意識して、その子たちの声を聞いてあげることが必要だと思う。

子どもはおそらく「しょうがない、当たり前」と思ってやっている。これは本来やらなくてもいいことなんだ、と気づかせてあげることが必要。そして、本人が気づいたとしても、声をあげにくいし、支援の求め方がわからないと思うので、大人の手助けが必要。

おそらく本人は無意識にヤングケアラーとなっていることがほとんどだと思う。特に苦にしてない場合も多いと思う。そのため、しっかり説明することが必要である。ヤングケアラーと意識してしまうと周りと違う、ということが逆に本人を苦しめてしまう場合もあるかと思うので、そういう場合には対処方法を具体的に教えてあげてほしい。なるべく手の届きやすい、簡易な支援から順にカウンセラーへの相談などハードルが高いものへ順々に説明してくれるとありがたい。

ヤングケアラーへの傾聴のポイント

大人がするべきことを子どもがせざるを得ない環境について、「凄いね！　偉いね！」と賞賛すれば子どもは嫌だと言えなくなってしまうと思う。周りの大人たちがほめるのではなく、心配し、解決策を提案すること、それを理解してあげることが重要だと思う。

お世話を本人が望んで行っているかどうかの判断は必須。必要な場合は自分の親や担任の先生とかに相談して支援をしてもらう。そのためには、大人も理解して相談した時にしっかりと対応してもらいたい。

●本人の意思を確認・尊重が大切

きょうだいの中でも1人目の語りはよくあることです。一見、第三者からみると、面倒見がよくねぎらいの言葉をかけたくなるところですが、そのことがたとえ本音で「嫌だ」と思っていてもそう言えなくなってしまうことにつながってしまうのです。

このように、ヤングケアラーに出会いうる大人が向き合った際に、自らの発言がどのように相手へ作用し、話しやすい関係性を築けるのかは傾聴スキルに関係してくるでしょう。そうした基本スキルを研修に組み込んでいくことも必要になってくるのではないでしょうか。「ヤングケアラーだから支援してあげなきゃ」というような固定観念にとらわれず、本人の意思を確認・尊重することが大切です。

国や地方自治体がとるべき対応

中学生や高校生が将来のために自分の好きなこと、したいことをさせてもらえるように介護が必要な人を無償で支援してくれるような制度が必要だと思う。親の手伝いの範囲内以上のことはしてないが、今以上のことをしなければならなくなると困るので、国や自治体の支援がもっと充実すればよいと思う。

ヤングケアラーを発見するため、福祉と学校の情報の共有をし、権利が確保できる公的な支援が必要。家事をヘルパーが行うなど、安く気軽に利用できるサービスが必要。家に入ってほしくない親もいるだろうから、利用者側や子ども側どちらも教育が必要。

困っている側から声は出しにくい、または当たり前と思って頑張っている可能性があり、公的な第三者の介入が必要。

ヤングケアラーの相談窓口をつくるとよい。また、ヤングケアラーに無償で教材提供ないしオンライン授業などを展開させる…といったことができるとヤングケアラーは減ると思う。

まずはヤングケアラーの実態を把握することが必要だと思う。その次に、金銭的な支援や、相談機関（若者が相談しやすいＬＩＮＥなど）の開設など公的な支援の拡大が求められると思う。また、学校側も学習の定着が不十分な生徒に対して、寄り添った対応が求められると思う。

私には障がいや病気のある家族はいないけど、母の代わりに料理、洗濯などの家事をしている。

ヤングケアラーの家庭は、皆が自分のやりたいことを我慢していると思うので、月に2回くらいは自分のやりたいことをする時間を設けるという制度を作ったり、ボランティアで施設経営などもしてもらえたら、私や同年代の子たちが困ることはないのかなと思う。

聞いたことのない人がたくさんいると思うので、ヤングケアラーという人がいることをその人たちに伝えていくことが大切だと思う。また、自治体や地域などでヤングケアラーを把握し、行政では制度に基づいて保護したり、地域では協力したりしていくことが必要だと思う。

●実態把握に伴う制度づくりと連携の可能な地域づくり

今回の実態調査はあくまで抽出調査でした。自由意見にもあるようにまず地域に応じた実態の把握のための調査と、啓発、実態に伴う制度づくりや連携体制、地域づくりをしていくことが行政の役割になっていくでしょう。

医療や福祉の支援者、民間がとるべき対応

地域の方々やボランティア等、周りの大人が代わりに介護を行うことや、介護施設に入所するなど要介護者を取り巻く環境を変化させることで、ヤングケアラーの肉体的な疲労を軽減させ、なお

かつ周りとの差を感じさせないようにしたり、理解者がいるということを感じさせ、精神的な疲労も同時にケアしていくことが大切だと考える。

保護者への子育てに関する指導・アドバイス等。ヤングケアラーについてもっと広める。金銭的余裕のない家庭でも利用できる福祉施設の設置。地域が一体となって、ベビーシッターや高齢者の介護等のボランティア活動をする。ヤングケアラーに該当する子ども自身が、自分がそうであることに気づき、支援を求められるような仕組みづくり。

自治会などで食事の支援や見回り、放課後などに学童保育のような形で憩える場所を提供できるようにしてほしい。何かあった時、周りに助けを求める場所が必要だと思う。

家族だけではなく、地域全体の支援が必要だと思う。助けを求めたくても求め方がわからない人がいると思うから、支援を求めやすくわかりやすくしてほしい。自分も亡くなった祖母の面倒をみていたことがあり、訪問看護が来てくれたのは本当に助かったし、自宅での看護は外部の援助がないと本当に大変だと感じる。また、ヤングケアラーを初めて知ったので、まだまだヤングケアラーを知らない人は多いと思う。

●公的な支援と民間の支援との連携がカギ

現行制度の中でヤングケアラーを直接サポートできるような制度は日本にはありません。障がいを抱えている当事者や家族に関わっている支援者や地域住民はヤングケアラーに接触しうる環境にあります。そのため、支援者の業務の中で家族環境を改めてヤングケアラーの視点をもって見直したり、地域で必要に応じて受け入れの体制をつくったり、対応のできる福祉の充実を図っていくことが必要になってきます。

既存の医療福祉サービスなどのフォーマルな支援と、民間で行うピアサポートや第3の居場所づくりなどのインフォーマルな支援、それぞれの役割と連携がカギになってくるでしょう。

啓発の必要性

ヤングケアラーという言葉を初めて知った。きょうだいの学校のクラスにも、家事をしていて宿題をする時間がないという人がいると聞いたことがある。このような家庭にはどのような支援ができるかも含めて、もっとヤングケアラーについて各家庭に知ってもらいたいと思った。

実際にそういう状況の人に無理のない範囲でインタビューなどして、学校の授業などで紹介できるといいと思う。自分より年下の子がそういうことやっていると知ったら興味をもつと思う。

多くの人にヤングケアラーを認知してもらうために広告にしたり、アンケートをとる範囲を広げたらどうか。地域ごとに知らせて、その地域のお店にお知らせの紙などを掲示したうえで、募金の箱を設置してみてもいいかもしれない。子どもが大人に代わって家事や世話をしていることがあると知っていても、詳しく理解をしていないと支援に取り組むのは難しいと思う。

私含め、ヤングケアラーが世の中に浸透していないことが問題だと思う。漫画や広告などでヤングケアラーの存在を親しみやすくしたり、大人に「それはヤングケアラーに値する」ということを自覚させる必要があると思った。

家族内の問題だと少しナイーブなイメージがあり、相談しにくいように思える。もしヤングケアラーに該当する人に相談する機会を設けたとしても「自分は違う」と回答するのではないか。もっと言葉自体を普及させ、私たちの身近にありうる現象であることを周知させる工夫（ＨＲの時に手紙やチラシ配布する等）があればよいと思う。

もっとこういう現実があることを広め、たくさんの人が知る必要があると思うので、学校で講演会を開いたり、ヤングケアラーになってしまったらどうすればよいのかを広め、教えていくことが大事だと思う。他にも、国の支援などにより、障がいのある家族や幼いきょうだいがいる家庭のためにたくさんの施設を作ったり、その施設で働く方々の給料や待遇をよくするべき。

自分がヤングケアラーなのかわからない方もいると思うし、ヤングケアラーが何かわからない方もいると思うので、学校などで話など聞く機会があればいいいと思う。

●社会的認知度はまだまだ。学校現場の啓発が大事

子どもたちの中では、今回の調査をきっかけにヤングケアラーを知ったという意見もみられました。ヤングケアラー自身も、学校の先生も、行政機関も、支援者もまだまだ社会的認知が広がっていないのが現実です。今後、問題意識をもって動いていくには、現状と課題を啓発していく必要があります。

ヤングケアラー自身が知りうる機会として、学校現場で啓発を行っていくことは同時に学校の先生にも啓発ができる良い機会になると思われます。

5／ヤングケアラーの支援に向けた福祉・介護・医療・教育の連携プロジェクトチーム報告（2021年5月17日発表）

2021年3月に厚生労働省と文部科学省の共同プロジェクトチームが発足、5月17日に支援策をまとめ公表しました。

支援策について、地域ごとに検討の必要性が問われているが、実際に協議する団体づくりや地域のネットワークづくりを、どこの誰が主導していくかは地方自治体、教育委員会、医療福祉の支援者たちの課題意識に左右されてくるでしょう。これから、地域格差も出てくると思いますが、各地で先行事例も出てきていることから、県をまたいだ情報ネットワークづくりやケースマネージメント体制が必要でしょう。

(1) 現状・課題

1. ヤングケアラーは、家庭内のデリケートな問題であることから表面化しにくい。福祉、介護、医療、学校等、関係機関におけるヤングケアラーに関する研修等は十分でなく、地方自治体での現状把握も不十分。
2. ヤングケアラーに関する支援策・支援につなぐための窓口が明確ではなく、また、福祉機関の専門職等から「介護力」とみなされ、サービスの利用調整が行われるケースあり。

3．ヤングケアラーの社会的認知度が低く、支援が必要な子どもがいても、子ども自身や大人が気づくことができない。

(2) 取り組むべき施策

① 早期発見・把握

福祉・介護・医療・教育等関係機関、専門職やボランティア等へのヤングケアラーに関する研修・学ぶ機会。地方自治体における現状把握の推進。

② 支援策の推進

悩み相談支援：支援者団体によるピアサポート等の悩み相談を行う地方自治体の事業の支援を検討。（SNS等オンライン相談も検討）

関係機関連携支援：多機関連携によるヤングケアラー支援の在り方についてモデル事業・マニュアル作成を依頼。（就労支援を含む）

福祉サービスへのつなぎなどを行う専門職や窓口機能の効果的な活用を含めヤングケアラーの支援体制の在り方を検討。

教育現場への支援：スクールソーシャルワーカー等の配置支援。民間を活用した学習支援事業と学校との情報交換や連携の促進。

適切な福祉サービス等への運用の検討：家族介護において、子どもを「介護力」とすることなく、居宅サービス等の利用について配意するなどヤングケアラーがケアする場合のその家族に対するアセスメントの留意点について自治体等へ周知。

幼いきょうだいをケアするヤングケアラー支援：幼いきょうだいをケアするヤングケアラーがいる家庭に対する支援の在り方を検討。

③社会的認知度の向上

２０２０年度から２０２４年度までの３年間をヤングケアラー認知度向上の「集中取組期間」とし、広報媒体の作成、全国フォーラム等の広報啓発イベントの開催等を通じて、社会全体の認知度を調査するとともに、当面は中高生の認知度５割を目指す。

6／成蹊大学の澁谷智子氏による実態調査

成蹊大学文学部准教授の澁谷智子氏による実態調査で、神奈川県藤沢市（２０１６）、新潟県南魚沼市（２０１５）の学校の教員を対象にアンケートが行われました。学校現場の教員がこれまで家族ケアをしているのではないかと感じた児童生徒がいたと答えた割合は48・６％でした。

(1) ケアの対象

ケアの対象に関して、県の異なる2つの市町村では、調査の母数は異なるものの、似た傾向を示していました。一番多かったのは、きょうだいのケア、次に母親のケア、父のケア、祖父母のケアと続きました。厚労省の要対協を対象とした調査とヤングケアラーへの直接調査と同様の傾向を示しています。

(2) ケアの内容

ケアの内容に関しては、家事、言い換えればBADL*（基本的日常生活活動）が最も多く、次にきょうだいの世話が並びました。1位と2位が入れ替わる形で、厚労省の実施し

		藤沢市（回答数508）	南魚沼市（回答数65）
ケアの対象	きょうだい	239	26
	母	212	22
	父	50	10
	不明	24	1
	その他	18	4
	祖母	15	7
	祖父	9	2
ケアの内容	家事（料理、掃除、洗濯など）	275	35
	きょうだいの世話	268	31
	生活をまわすための、買い物、家の中の修理、重たいものを運ぶなど	99	6
	身の回りの直接的サポート	83	11
	感情面のサポート	67	11
	請求書の支払い、病院の付き添いや通訳	30	3
	身体介助（入浴、トイレ、清拭）	13	4
	医療的な世話（服薬管理、吸引）	5	1
	わからない	28	5
	その他	33	5

※資料をもとに一部表現・順序を改定

た要対協を対象とした調査とはまた異なる傾向になりました。これらのデータを比較するときには、調査の対象となった対象者が厚労省では、要対協に関わる関係者であったことと、学校の教員であることの視点の違いはその業務実態の違いも関係していると思われるため、留意したいところです。

＊ＢＡＤＬとＩＡＤＬ

基本的日常生活活動ＢＡＤＬ（Basic Activities of Daily Living）：起居動作・移乗・移動・食事・更衣・排泄・入浴・整容などの日常生活を営む上での最低限必要な活動のことを指します。

手段的日常生活活動ＩＡＤＬ（Instrumental Activities of Daily Living）：掃除・料理・洗濯・買い物などの家事や交通機関の利用、電話対応などのコミュニケーション、スケジュール調整、服薬管理、金銭管理、趣味など、複合的で複雑な活動を指します。

2 ヤングケアラーに関する先進的な地方自治体の取り組み

1／地方自治体として独自に調査、条例や計画を制定した事例

(1)全国で初めての埼玉県の条例

埼玉県は、2020(令和2)年3月に日本全国初のケアラー支援条例を制定し、ケアラー支援のための基本理念、県としての責務・役割、県民の役割、事業者・関係機関の役割、教育機関の役割、推進計画の策定、広報や啓発、人材の育成、民間ピアサポートグループへの支援、支援体制の構築、財政上の措置に関して明文化しました。これまでは、民間団体が地域でケアラーを支えていたところから、県全体で情報や財政的サポートを受けつつ、ヤングケアラー・ケアラー支援体制づくりに取り組んでいけることになります(条例の全文は巻末資料204ページに掲載)。

条例をつくるにあたり、主導してきた埼玉県、県議会議員の吉良英敏議員は、自身のホームページで『ケアラー新聞』を発行、全国のケアラー支援団体とネットワークを構築し、実態の把握・支

援体制のあり方を模索しています。

条例を制定した後、埼玉県は2020（令和2）年7月から、独自に高校2年生を対象にアンケート調査を行いました。以下にその結果の詳細を記載します。当初、国や研究機関では、調査対象を支援者としてきましたが、全国に先駆けて埼玉県は独自にヤングケアラーの当事者に調査をしました。

(2) 埼玉県のヤングケアラー支援「推進計画」策定の実態調査

埼玉県は、県として埼玉県ケアラー支援条例第9条に基づくケアラーの支援に関する推進計画の策定に当たり、ケアラー（介護者）およびヤングケアラー（介護者のうち18歳未満の者）を対象とした実態調査を実施しました。この調査は、ケアラーのケアの状況、ケアによる影響、支援ニーズ等を把握し、今後の計画の策定や施策の検討に役立てるものです。

(1)地域包括支援センターを通じた調査、(2)障害者相談支援事業所を通じた調査、(3)県内高校2年生を対象にヤングケアラーの調査を実施しました。

調査の概要

調査期間

ケアラー実態調査：2020（令和2）年7月～10月

ヤングケアラー実態調査：２０２０（令和２）年７月〜９月

①地域包括支援センターを通じた調査

調査対象：地域包括支援センター（２８３か所）を利用している高齢者等のケアラーのうち１４１５人（２８３か所×５人）につき、同センターを通じて調査。

回収率：72・2％（回収数：１０２２人）

(1)ケアをしている家族（複数回答）

地域包括支援センターは介護保険サービスに関わるため、高齢者介護に関わる情報が集約しやすい特徴があるでしょう。それでも、きょうだいも若干数みられます。高齢化した障がいを抱える当事者のいるきょうだいにとって、親亡き後の関係性の時期のきょうだいと接触しうる仕事です。

(2)被介護者の状況（複数回答）

加齢に伴う疾患の割合が多くなっていますが、それにはさまざまな背景があることがわかります。

被介護者の状況（複数回答）

状況	回答数
高齢・老化による心身機能の低下	729
認知症	467
病気	299
身体障がい	175
難病	73
精神障がい	60
高次脳機能障害	48
依存症	23
知的障がい	22
その他	43

※資料をもとに一部表現・順序を改訂。調査結果p14

ケアをしている家族

続柄	回答数
子ども	481
配偶者	382
義母・義父	118
親	43
きょうだい	31
孫	14
その他	33

※資料をもとに一部表現・順序を改訂。調査結果p10

何らかの障がいを抱え、障害福祉サービスの分野の利用から介護保険の分野に移行していくこともあるため、このような数字が出ているのだと思われます。

(3) 必要と考える支援（複数回答）

「ケアラーに役立つ情報の提供」ということは地域包括支援センター単位ではなく、各関係機関の力を借りながらケアラーのサポートにあたる必要があると解釈しているといえるでしょう。

私が気になる部分としては、「ケアラーの健康管理への支援」です。これは、体調を崩してまでケアをしているような状況もあるということです。その他にも、「気軽に休息や睡眠がとれる機会の確保」なども休息の機会が必要ということを裏付けています。

ケアラーに必要と考える支援（複数回答）

内容	回答数
ケアラーに役立つ情報の提供	424
緊急時に利用できてケアの相手の生活を変えないサービス	289
電話や訪問による相談体制の整備	249
気軽に休息や睡眠がとれる機会の確保	238
気軽に情報交換できる環境の紹介・提供	204
親や家族がなくなった時の被介護者のケアと生活の継続	190
ケアラーの健康管理への支援	186
経済的支援	177
入居施設等の生活の場の整備・充実	171
24時間対応の在宅サービスの提供	149
社会的なケアラー支援への理解	143
勤務しやすい柔軟な働き方	131
専門職や行政職員のケアラー支援への理解	117
就労及び再就職への支援	41
その他	38

※資料をもとに一部表現・順序を改訂。調査結果 p36

②障害者相談支援事業所を通じた調査

調査対象：障害者相談支援事業所（441か所）を利用している障害児・者のケアラーのうち1323人（441か所×3人）につき、同事業所を通じて調査。

回収率：33・9％（回収数：448人）

(1)ケアをしている家族

障がい福祉のサービスに関わる相談支援専門員は、その特性上親世代との関わりからの情報の集約がしやすい特徴があるでしょう。

(2)被介護者の状況

最も多かったのは「知的障がい」で、次に「身体障がい」「発達障がい」「精神障がい」と続きました。

ケアラーに必要と考える支援（複数回答）

内容	回答数
親や家族が亡くなった後の被介護者のケアと生活の継続	277
緊急時に利用できてケアの相手の生活を変えないサービス	210
ケアラーに役立つ情報の提供	177
入居施設等の生活の場の整備・充実	142
気軽に休息や睡眠がとれる機会の確保	126
経済的支援	124
気軽に情報交換できる環境の紹介・提供	120
社会的なケアラー支援への理解	116
ケアラーの健康管理への支援	98
勤務しやすい柔軟な働き方	97
24時間対応の在宅サービスの提供	95
専門職や行政職員のケアラー支援の理解	78
電話や訪問による相談体制の整備	69
就労及び再就職の支援	43
その他	16

※資料をもとに一部表現・順序を改訂。調査結果p36

ケアをしている家族（複数回答）

続柄	回答数
父母	342
子ども	77
配偶者	29
きょうだい	28
その他親戚	23

※資料をもとに一部表現・順序を改訂。調査結果p10

被介護者の状況（複数回答）

状況	回答数
知的障がい	264
身体障がい	191
発達障がい	105
精神障がい	83
医療的ケア児	49
難病	43
高次脳機能障害	33

※資料をもとに順序を改訂。調査結果p14

国の調査には「発達障がい」は項目にありませんでしたが、障がいを抱える当事者の割合として3位と多いことがわかります。

(3)ケアラーに必要と考える支援（複数回答）

最も多かったのが「親や家族が亡くなった後の被介護者のケアと生活の継続」でした。①で親が最も多くケアを担っている状況を参考にすると、親亡き後、子世代へバトンを渡されていくことへの危機感があることがわかります。

③ヤングケアラーへの調査

調査対象：県内国公私立高校2年生（5万5772人）につき、学校を通じて調査。

回収率：86・5％（回収数：4万8261人）

(1)ケアの対象者（被介護者）

ケアの対象者は親（766人）が最も多く、次に祖父母（741人）、きょうだい（490）は3番目になりました。国の行った調査とはまた異なる結果となっています。

(2)ケアをしている理由

ケアをしている理由としては、「親が仕事で忙しい」29・7％（585人）が最も多く、「親の病気など」20・7％（407人）、「ケアをしたいと自分で思った」19・1％（377人）と続いた。

きょうだいに関しては「きょうだいに障がい」16・7％（327人）、「幼いきょうだい」14・

ケアをしている理由（複数回答）

理由	回答数
親が仕事で忙しい	585
親の病気など	407
ケアをしたいと自分で思った	377
きょうだいに障がい	327
ひとり親	321
幼いきょうだい	284
日本語が第一言語ではない	141
他にケアする人がいない	140
福祉サービスを利用していない	95
家事をしない	86
その他	131

※資料をもとに一部表現・順序を改訂。調査結果p19

ケアの対象者（被介護者）（複数回答）

続柄	回答数
父、母	766
祖父、祖母	741
きょうだい	490
その他親戚	166

※資料をもとに一部表現・順序を改訂。調査結果p8

学校生活への影響（複数回答）

内容	回答数
影響なし	825
ケアについて話せる人がいなくて、孤独を感じる	376
ストレスを感じている	342
勉強時間が十分にとれない	200
自分の時間がとれない	192
睡眠不足	171
体がだるい	162
友人と遊べない	158
アルバイトができない	118
授業に集中できない	92
部活ができない	75
遅刻が多い	73
周囲の人と会話や話題が合わない	69
成績が落ちた	67
進路を考える余裕がない	56
しっかり食べていない	51
学校を休みがちである	44
受験準備ができてない	43

※資料をもとに順序を改訂。調査結果p22

4％（284人）となりました。

ケアの時間に関しては、学校のある平日については「1時間未満」40・4％、休日については「1時間未満」26・8％が最も高い。一方、時間について「2時間以上」とする者は、平日25・1％、休日41・5％と、休日はさらにケアが長時間化することがわかります。

(3)学校生活への影響

「ケアについて話せる人がいなくて、孤独を感じる」19・1％（376人）、「ストレスを感じている」17・4％（342人）、「勉強時間が十分にとれない」10・2％（200人）、「影響なし」38・2％が最も高いが、一方でヤングケアラーが望むサービスとしては「困った時に相談できるスタッフや場所」16・0％、「信頼して見守ってくれる大人」14・5％、「宿題や勉強をサポート」13・2％など、さまざまなサポートが求められています。

埼玉県はこれらの独自の県内実態調査を踏まえ、ケアラーを支えるための広報活動の推進、行政におけるケアラー支援体制の構築、地域におけるケアラー支援体制の構築、ケアラーを支える人材の育成、ヤングケアラー支援体制の構築・

ヤングケアラーが望むサービス（複数回答）

内容	回答数
特にない	60.6
困った時に相談できるスタッフや場所	16.0
信頼して見守ってくれる大人	14.5
宿題や勉強のサポート	13.2
被介護者の状況に関するわかりやすい説明	12.2
自由時間が増えるサポート	11.7
将来について相談の場	11.1
代わりにケアを担ってくれる人	9.9

資料をもとに一部抜粋し順序を改訂。報告書P32

強化を基本目標に掲げ、それぞれの行政機関の部局が担う役割を「埼玉県ケアラー支援計画」として明文化しました。

埼玉県のように、行政機関が自ら担当・責任を明確に示したことには実情に応じた地域づくりの計画策定において大きな意味があります。

(3) 支援機関の啓発と連携を目指している自治体――秋田県

秋田県はヤングケアラーに留まらず、2021年（令和3年）3月に公表した第8期介護保険事業支援計画において、老老介護、子育てなどを含むダブルケアなどの実態にも触れ、地域包括支援センターを軸にした相談体制構築を示しています。その背景には県次世代・女性活躍支援課の独自のアンケートを踏まえて、ダブルケアの状態を認知していることと、県長寿課の担当者の「相談先はあるが、知らずに苦労している人がいる」との回答があります。

今後は実態調査と啓発活動、支援体制づくりにおいて、個人に合わせた橋渡しができる相談窓口の必要性も示しています。現時点では、県介護支援専門員協会の協力によりケアラーに関するアンケート調査を実施し、現状把握に取り組んでいるそうです。

以下、秋田県の現状認識、課題、今後の取り組みについて「第8期介護保険事業支援計画」「第9期老人福祉計画（素案）」P46より引用し紹介します。

⑴現状と課題

令和元年国民生活基礎調査における、在宅の要介護者のいる世帯の状況調査では、要介護者と同居する介護者のどちらも65歳以上のいわゆる「老老介護」の割合が59・7％となり過去最高となりました。また、介護者の19・3％が「介護時間がほとんど終日である」と回答し、この割合は要介護者の介護度が高くなるほど増加し、要介護5の要介護者を介護する者では56・7％となるなど、介護度が上がるにつれて介護時間が増え、家族の心理的・経済的負担や社会的孤立も増しています。さらに、令和2年に県次世代・女性活躍支援課が実施したアンケート調査では、未就学の子を養育する保護者の3・7％が親の介護等を同時に行っているいわゆる「ダブルケア」の状態であると回答しており、晩婚化や少子高齢化などを背景に、ダブルケアは今後さらに増加していくものと考えられます。

これら介護や看護及び療育が必要な家族等を無償でサポートする人（ケアラー）の中には、家族が介護することが当たり前であるとの義務感等による心身の負担や悩みを抱えている方も多いものと想定されます。また、親の介護や親に代わって祖父母の介護を行う18歳未満の「ヤングケアラー」の存在も近年顕在化しています。学校生活や自らの成長等に影響を受けていると考えられますが、家庭内のことである等の理由から実態が表面化しにくい側面もあります。こうした中、埼玉県では、全国初となる「埼玉県ケアラー支援条例」（令和2年3月31日公布・施行）を制定し、令和2年7月〜9月にかけて埼玉県内の高校2年生約5・5万人を対象に、ヤングケアラーに関する実態調査を実施しています。

⑵今後の取り組み

県内におけるケアラー・ヤングケアラーについて、教育委員会をはじめとする関係部局との連携のもと、その実態を把握するとともに、ケアラーに関する社会的周知に向けた取組を進めていきます。介護に取り組む家族への支援として、必要な介護サービスの確保を図るとともに、セーフティーネットの有効活用や地域包括支援センター、高齢者総合相談・生活支援センター、福祉事務所等と連携した新たなサポート体制の構築、ＳＮＳ等を活用した若者が利用しやすい相談窓口の設置など、引き続き相談・支援体制を強化していきます。

2／子どもや福祉の窓口にヤングケアラー窓口を設置した事例

(1) 福祉相談センター、児童相談所に相談窓口を設置——鳥取県

鳥取県は、知事コメントにあるように２０２１（令和３）年4月1日、福祉相談センター、倉吉児童相談所、米子児童相談所など3か所にヤングケアラーに関する相談窓口を設置した。啓発活動を学校などにも行っていくとのことです。予算も計上して相談事業を行っていくとのことで、今後の取り組みが期待されます。

●鳥取県知事コメント（要旨）

ヤングケアラー（通学や仕事のかたわら、家族の介護や世話をしている18歳未満の子ども）が、社会問題化してきております。学校現場が１つのキーになると思います。先般、総合教育会議で教育委員会と私ども執行部との間で、大綱の作成をさせていただいたところです。教育委員会と一体となり

まして、このヤングケアラー問題に新年度、鳥取県は取り組んでいきたい。約230万円の予算を計上します。学校で例えばリーフレットを配布したり、SNSでの情報発信をしたりして、まずは児童相談所に相談窓口を設けます。

今後、市町村の教育委員会などとも話をしていかなければならないですが、学校にはスクールソーシャルカウンセラーもいますので、そこでも支援の窓口はできないのかなというふうに思っています。

児童相談所の相談窓口、それから支援機関、例えばケアマネジャーさんとか、実際に家族の介護をしている子どもたちに、介護保険や障がい者の制度を活用しながら支援をしていく。それは市町村が主となってやっていくことになりますが、県としてもつないでいくことをしたいと思います。

ヤングケアラーの存在に気づくために、

ヤングケアラー支援事業　R3当初 230万円

支　援

「実情と対策を学ぶ」ファーラム

- ヤングケアラーの存在に早く気付き、支援に繋げるためのフォーラム
- 教育関係者、行政関係者、子どもに関わる専門職等を対象

ヤングケアラーへの支援・対応力向上のための研修会

- 児童相談所、福祉サービス事業者（介護、障がい等）、ケアマネージャー、医療機関、市町村、教育委員会、学校等を対象

相談窓口の新設

- 県内3箇所の児童相談所に設置
- 電話相談のほか、状況に応じ面談対応も実施

理解促進、啓発

啓発強化事業

- 学校等でのリーフレット配布
- SNSを活用した情報発信
- 子どもに対して相談窓口や支援機関を周知

関係機関の連携

対策会議

- 学校をはじめ支援に携わる機関等による会議の開催
- 県におけるヤングケアラー対策を検討
- 実際に対応した好事例の共有（関係機関での横展開）

➡ 学校・教育委員会と連携して取組を推進

学校の先生、あるいは市町村職員、専門職などと、まずはフォーラムを開いたり、研修会をやって実務につなげていく。児童相談所に電話相談も含めたヤングケアラーの相談窓口を全県的に、東部、中部、西部に開設するということになります。また、関係者に集まってもらって、このヤングケアラーの対策の推進組織、対策会議を設けさせていただきたいと思います。

(2) 福祉局にコーディネーター役割の窓口を設置——兵庫県神戸市

兵庫県神戸市では、2020(令和2)年10月に元ヤングケアラーである女性(22)による祖母殺害事件が発生しました。女性は、神戸地裁で同居していた祖母(当時90歳)の殺害を認め、「介護で寝られず、限界だった」と語ったと言います。女性は親族から介護をほぼ1人で背負わされ、仕事との両立に苦しんだ末のことだったとのこと。今回の事件では、女性の周囲に叔母ら複数の親族がいた中、ケアマネジャーも関与し、祖母の介護について話し合う体制はあったが、このような事態になってしまったようです。

このように事件の背景には支援の手が届いていたにもかかわらず、ケアラーの抱える不安や孤立感が周囲に理解されにくかった状況があったのではないでしょうか。もし、支援者がつくるケアプランの中に、ケアラーである女性の介護参加が前提とされていたのだとしたら、在宅ケアのあり方が新たに見直され、ケアラーの視点が必要とされるのではないでしょうか。

神戸市では、福祉局内に「こども・若者ケアラー」の相談窓口を設置、2021(令和3)年4

月から、学校の教員、地域包括支援センター、介護サービス事業所がケアラーの存在を発見した場合に関係者から相談・情報を受けることができるように整備をしました。この窓口を通して、市の担当者がケアラー当事者からの相談と各関係機関への啓発・研修をする役割を担うことで現場レベルの啓発を行っていく方針のようです。また、局内の横の連携も意識しながら有識者の意見を聞きつつ個別の問題解決にも務めていくとのことです。

同年3月10日には、神戸市社会福祉協議会と連携し、元ヤングケアラーの当事者および専門家を呼び、市民福祉セミナー・オンラインセミナーを開催しました。福祉局職員が中心になって啓発活動に務めているようです。

他の市町村・地方自治体では高齢者関係の窓口や地域包括支援センターが相談窓口の役割を担うことが多い中、福祉局の窓口の中に新しくコーディネーターの役割としての担当部署を新設することは、早期介入という意味できょうだいにとっては有益な体制であると言えるでしょう。

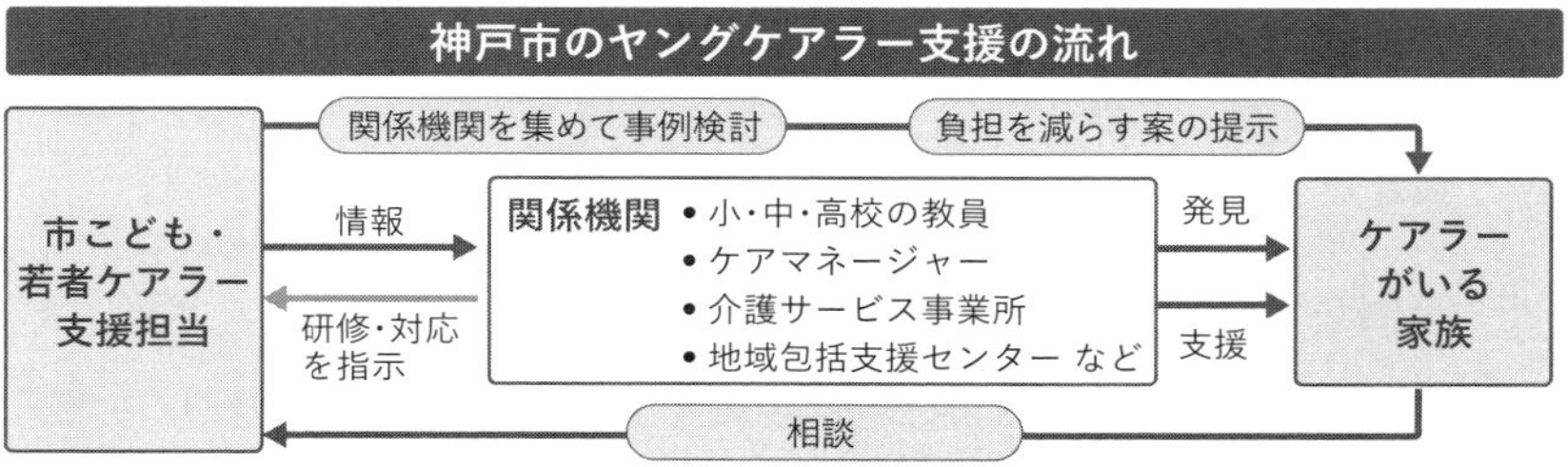

3／民間地域団体が行政とともに「ヤングケアラー協議会」を結成

(1) 栃木県　那須塩原市　にしなすケアネット　ヤングケアラー協議会

栃木県那須塩原市には、「にしなすケアネット」（地域ケア会議・協議体）があります。地域から一般市民、自治会役員、民生委員、福祉的な活動をしている方、県福祉課、那須塩原市市役所福祉課、こども未来課、保健師、医療・介護・障害・児童分野の事業所スタッフ、企業等の多種多様な方が集まり、事例などを通じて地域課題について話し合い、勉強会を行っています。

「にしなすケアネット」企画運営委員会構成団体

大学病院副院長、地域医療連携室、自治会長連絡協議会、大学准教授（地域福祉学）、地域包括支援センター、社会福祉協議会、那須塩原市役所高齢福祉課・社会福祉課

2021（令和3）年1月に、にしなすケアネットでの勉強会として、私が招かれて「『ヤングケアラーって？』～きょうだいの視点から～」の講演をきっかけに、ヤングケアラーの現状と他地域の支援体制などについての課題を共有しました。その際、参加者から「今回だけで終わることなく、みんなで話し合う場を設けていけないか」という意見が挙がり、継続的に話し合っていく機運

が高まりました。

その後、私とにしなすケアネット企画運営委員で検討会を行い、その際に今後の方向性として「核となる多様なメンバーでチームを結成し、具体的な取り組みや支援方法について考えていく」こととなり、協議会に向けて動きだしました。そして「ヤングケアラー協議会」を設置することになり、これまでに計5回のヤングケアラーに関する議論・事例検討を重ねてきました。月に1回程、地域の機関の支援者が集まり話し合いを行っています。

「ヤングケアラー協議会」に参加しているメンバー

関心のある一般市民、栃木きょうだい会、行政から栃木県福祉課、那須塩原市市役所社会福祉課、子ども・子育て総合センター、保健センターの職員、スクールソーシャルワーカー、ケアラー支援をしているソーシャルワーカー、主任児童委員、自治会長、市議会議員、大学病院地域医療連携室、地域包括支援センター、社会福祉協議会

この協議会で相談と対応体制の構築と啓発の必要性が話し合われ、地元学校とも連携、授業を通して子どもたちに直接、ヤングケアラーについて伝える取り組みを始めることになりました。そして、2021（令和3）年7月1日に私が講師として、西那須野中学校で子どもたちに体験を交えてヤングケアラーについてお話ししました。また、その後、子どもたちと分けて、PTAの方々

や現場の学校の先生方にもお話しすることができました。

協議会を通してヤングケアラーへの支援者とヤングケアラー自身と学校への啓発活動を行い、ＳＯＳを出してきたヤングケアラーへの実際の支援・相談対応ができるように支援者の関係性の構築も目指しています。

Ｐａｒｔ４．でも触れますが、地域づくりとしての官民が問題意識をもった時に一緒に動くことができる協議体の存在は、地域共生社会の実現や特定の生きづらさを抱える方への地域包括ケアシステムの構築に向けて、大事で必要な視点であると思います。

子どもたちにヤングケアラーについて知っているか尋ねている様子

啓発活動と同時に中学生に直接アンケートを実施しました。アンケートの結果は、後日協議会が学校から回収、集計しました。ヤングケアラーについて事前に知っていると答えた生徒は7・3％、知らなかったと答えたのは残りの92・7％でした。講演後の「本日の仲田さんのお話を聞いて「ヤングケアラー」について理解することができましたか？」という問いに対して「できた」78・2％、「すこしできた」20・3％、「できなかった」0・7％、残り未記入もありました。直接実体験を踏まえて伝えることで、イメージがつきやすかったのかもしれません。

講演後には生徒たちから、「全国にどれくらいのヤングケアラーがいるのですか?」「友達にヤングケアラーがいたら私たちはどのように接すればいいのですか?」などと素直な質問が寄せられました。アンケートの自由記述の中では、国の直接調査での自由記述と同様、自らがヤングケアラーであることを明記する記述や、講演後質問の返答を聞いたからか「ヤングケアラーでなくとも友人として変わらぬ態度で向き合いたい」「できるなら力になりたい」という子どもたちのひた向きさがみられました。また、事前にヤングケアラーについて知っていた7・3%の中からも「ヤングケアラーという名前は知っていたが詳しくわかっていなかった」という感想も多くみられました。日本では国の調査の開始をきっかけに報道などで知られることも多くなったヤングケアラーという言葉ですが、具体的な理解は直接取り上げていくことで得られるものであることがわかりました。

生徒たちへの講演の後には、先生方向けの講演も同日実施しました。国の調査を基に数字からみえるヤングケアラーの状況と那須塩原市ヤングケアラー協議会が立ち上げたLINE相談窓口を紹介。更に具体的な社会福祉協議会、地域包括支援センター、ケアラーズカフェを運営している社会福祉事務所のスタッフなど顔が見える形で写真付きで紹介をしました。

その後の第5回協議会では新たに市教育委員会の出席もあり、他校への啓発の継続と、それぞれの機関が実業務の中でできるヤングケアラーやその家族への配慮と、より具体的な連携のための話し合いが進みました。

参加した地域で働く作業療法士からは、支援者としてヤングケアラーの視点を当事者支援の中に組み込むことで親の負担軽減やアプローチの方法も変化するとの意見もありました。また、その他の支援者からも元来のキーパーソンの捉え方や親役割の視点を見つめ直すことで関わる意識が大きく変わってくるとの意見もありました。

今後も定期的に協議会は開催されていきます。

Part 4

きょうだいヤングケアラー支援をすすめるために

──ピアサポート、親との関係性、頼れる⁉公的機関

1 ピアサポート（きょうだい会）の存在

前Ｐａｒｔでは、全国的な調査や実践について取り上げました。ここでは、これまできょうだいたちをサポートしてきたピアサポートグループの構造と特徴について触れていきます。特定の共感されにくいつらい体験をした人にとって、安心して話すことができ、自分に向き合い本当の気持ちに気づくこと、そして、その気持ちを整理し客観視するきっかけの一つとして、ピアサポートは機能してきました。

1／なぜ、きょうだい会が求められるのか

(1) 家族会ではきょうだいとしての居場所をみつけにくい

私はこれまで、きょうだい会の必要性を発信していると、話を聞いていただいた方々から「家族会があるじゃないですか」と尋ねられることが多々ありました。確かに、全国各地にはさまざまな形で家族会が存在しています。法人格がある団体から任意団体として活動するもの、参加の対象者

を年齢や当事者の抱える障がいで分類・限定しているものもあれば、家族であれば立場を問わずすべて受け入れる体制をとっている団体もあります。

「家族会があるから、そこに行ってみては」という勧めは、客観的には「良かれと思って」という、それが何かのきっかけになればという期待が込められているかと思います。

しかし、きょうだいにとっては、同じ家族とは言えど、異なる境遇の人たちの中で「共感されず偏見にさらされるかもしれない」と一瞬でも不安がよぎるような状況では個人的な体験や葛藤を素直に話せるとはかぎらないのです。このように、親や専門家など自分にとっての本当の気持ちを話すことで、不利益になりうるような他の立場の人がいる状況では話しづらい方もいます。

きょうだいの話し合いの場に必要なのは、まず安心して語ることのできる場や関係性が必要なのです。特に、親の立場の方々が多い家族会では、わが子を想う親が集まっている集団の中で、自身の親や当事者に関して、「わが家としてはこうしているけれど、本当はこうしてほしい」「親にきょうだいについて~しなさいと言われてきた」などの素直な気持ちや「家族はいつも当事者が中心で回っていた」「親やきょうだいからは~と求められるけど、本当は距離を置きたい」などの話をきょうだいが言い出せるでしょうか。

私は否であると思います。いくら他人の親であろうとも、自分の親に対する正直な気持ちや当事者への気持ちを親の立場のいる家族会では気遣ってしまうのです。自分の親が家族会に参加している場合は、きょうだいの言動ひとつが、そこでの親の面子を損なうことにもなるため、なおさら気をつかう状況になります。実際に私も両親を連れて家族会に行った時には、父が不機嫌になって足を蹴られる経験をしたことがありました。

そのため、一部クローズドであってもきょうだいにとっては、より限定された同じ立場・境遇・共通項のもとで話せる環境があると、安心してふだん感じている素直な気持ちや本音を話すことができるのです。とは言っても、いろいろな立場の家族が集まって話をすることで、新たな視点を見つけられたり、前に進めることもあります。しかし、まず、孤独感や不安感のあるきょうだいにはステップとして、さらに限定的なピアの場が必要なこともあると思うのです。

(2)ピアサポートの中でも選択肢があることの大切さ

現実的には簡単なことではないですが、きょうだいに限らず、ピアサポート全体には、時に細分化した年齢や立場に沿った会が必要であると考えます。

全国的にはいくつか年齢制限を設けたきょうだい会があります。例を挙げると、東京都では20代30代のきょうだいに限定した任意団体「ファーストペンギン」や、京都きょうだい会から派生した20代~30代向けの「しろくま会」、大学生、大学院生、専門学生が集う「かるがも学生~きょうだい児の会~」、大人とは別に中学生・高校生(13~18歳)に限定し行う「ケアラーアクションネットワーク協会」の活動があります。

しかし、ヤングケアラーのきょうだい支援も同様、このような年齢や立場に合わせた団体が各地にあるとは言えません。

ですが、全国各地に悩むきょうだいは確実にいるのです。

「ちょっとこの会に来る人の層では年齢が合わないなぁ」「ここには苦手な人がいるなぁ」など個人的な事情で一度距離をとったり、時には参加するなどさまざまな距離感・スタイルをとることができることもいいと思います。

例えば、休日のランチを食べに行くお店を考えた時に、「体を気遣って和食かなぁ」とか「ちょっとオシャレにイタリアンがいいかな」とか「お腹いっぱいにチャーハンやラーメンが食べたいから中華かなあ」とか「たまにはファーストフードはどうか」など、その時に応じて自分の欲している場所を求めて行きますよね。

その人の行ける範囲に選択肢があることが人にとって大切だと私は思います。

「ファーストフードしかないんだから休日は、あそこにランチに行けばいい」などと選択肢なく他者に言われること、あなたはどう感じるでしょうか。

このことは、ヤングケアラー全体としても同じことが言えるかと思います。移動手段や場所や時間の限られているヤングケアラーにとって、地域に根ざした取り組みは必須です。

行政施策としても、地域に1つあればいいというのは安易な考え方だと考えています。

2／栃木きょうだい会の取り組み

栃木きょうだい会では、基本は18歳以上のきょうだい向けに会を運営しています。主にきょうだい特有の経験と悩みを語り合う場として「集い」と、実際の親亡き後で急に対応するようになったり、親は健在だけどきょうだいとして親亡き後に備え情報を収集し学びたい人向けの「学習会」に分けて開催しています。

「集い」では、きょうだいの共通項のある方以外の参加はお断りしていますが、「学習会」では、私が信用している実際の支援者にお話をいただいたり、きょうだい以外のさまざまな立場の方にも接触する機会をつくっています。もちろん、参加する支援者の方にはきょうだいの方の気持ちや語りに配慮をしていただきたい旨をお伝えし、確認した上でご参加の案内をしています。

現時点では任意団体としての活動になっているので、参加費は会場費用が必要のないオンラインでは無料、会場費用がかかるリアルの参加費は、参加予定者で分担して「集い」を開いています。

個別のきょうだいの相談や悩み事に対しては、地域の保健師や市議会議員さんに連絡をとり、支援方法の紹介などもしています。ありがたいことに栃木県において保健師の方々には、中立的な立場で相談にのっていただきつつ、きょうだいの状況に合わせて、前に進むためのサポートをいただいています。市議会議員さんも悩みに寄り添い、使用できる行政サポートを一緒にさがしてくれています。

きょうだいの家族との距離感はさまざまですが、きょうだいがそれぞれの家庭の課題に向き合おうと動き始めたとき、こうした支援者の理解は欠かせません。会としては語りの場と学びの場は提供できますが、個別に応じた詳細な対応は難しいので、きょうだいの住む身近で生活に近い地域の支援者のお力を借りたいのです。

ここで私が疑問に思ったのは、なぜここまでしないと必要な福祉の情報や社会制度、受けられる支援をきょうだいが知り得ないのかということです。親や当事者とすでにつながっている支援者から情報提供があれば、きょうだいがここまで困る必要もないと私は感じています。

基本18歳以上とした理由に関しては、栃木県には、「きょうだい会ＳＨＡＭＳ」という子ども向けきょうだい会も存在し、役割分担をするためで、必要に応じて連携をとっています。Ｐ１４４でも触れましたが、子どものきょうだいには、大人の話す悩みが時に重いテーマになるため、分けることも大切です。

3／全国各地のきょうだい会

全国にあるきょうだいの支援団体とピアサポートグループは、活動内容やサポートの方法もそれぞれで、きょうだい会として集いを開催している団体もあれば、啓発活動やネットワークづくり、遠方から入院している当事者に会うために、親と一緒に病院近くに泊まる子どものきょうだいの支援を主にしている団体もあり、その活動は多種多様で異なります。集いに関しても、より焦点を当てたサポートをするために「子ども」「青年・20代・30代」「特定の疾患」と参加者を絞り開催されている団体もあります。

きょうだい会によっては、はじめは年齢を絞っていなかったところから枝分かれをして青年・20代・30代の会を発足した団体もあります。幅広く子どもから大人まで対応しているところもあれば、限定をして対応しているところなどさまざまです。

もし、きょうだいが近くにいて同じ境遇の人と話したいという気持ちがある場合には最寄りの会を検索し活動の詳細を問い合わせてみてください。

2 親との関係性を再構築すること

1／ヤングケアラー時代における親との関係性

きょうだいの中では、先述したように家族の中で役割を見出し、自身の学校生活の日常とケアを両立しています。親がきょうだいのために時間を個別に割くことは、きょうだいのうれしかったこととして、後に大人になって語られることも多いことです。私も、部活動の送迎の時間など親を独り占めにして、自分の話をできる時間は心地よかったものです。家に家族一同がいると、当事者や父母の双方がいると話しにくい話題もあります。母や父どちらかでも、きょうだいにとって心寄せる親を独り占めする時間は心内を話すことが保障される機会なのです。

学童期や思春期、青年期、ヤングケアラー時代に一番近い存在である親との関係性はとても大切です。親も当事者のケアときょうだいのケアと大変な葛藤を抱えながら日常を送っているかと思います。そんなストレスフルな状況で家族全体が悩みを抱え込む構造ができることもあります。ヤングケアラー時代の親子関係において、子どもの生活は、親に左右されやすい年齢であり、子どもの意思は尊重されにくい環境でもあります。どうか、そんな家族を支えている親自身が精神的に孤立しないよう、支援者の人はたらい回し、突き放し、共感をしない姿勢で接することは、避けてほしいと思います。親も休息し、肩の荷をおろすきっかけや時間が必要です。

2／変化する親との関係性

家族はそれぞれが生活する上で自然に役割を担い、場合によって喜びや悲しみを分け合いながら支え合うものでもあります。そうして日常を営むためにヤングケアラーが役割を担い、均衡を取っていくことは自

然なことと言えるでしょう。そこからきょうだいの成長に伴って精神的・物理的距離感が変化するとき、その均衡が崩れる可能性があります。そこに気がついた親や支援者は「これまできょうだいが担ってきた役割をどうするか」という課題に直面するのです。

そこには役割をつなぎとめようという無意識な力が働くこともあります。なぜならば、きょうだいが担ってきた役割は親や支援者から「必要とされて」担っていた側面があるからです。

ここは家族にとって大きなターニングポイントで、きょうだいが多様な選択肢から自身の生き方を選択するためには、家族で抱え込まない姿勢とそれを認め、過剰にきょうだいを巻き込まない支援者の姿勢が

必要です。きょうだいが担っていた役割を福祉サービスや公的支援によって分け合うことで、ケアによる時間的な拘束や家族の抱える見通しの立たなさによる精神的不安を軽減していくことができるのです。

きょうだいが大学進学や就職、結婚で生活の拠点が親元から離れるとき、その物理的距離が変わっていくタイミングが選択の可能な大きなターニングポイントなのです。

サポートや選択肢が狭まっている状況では「私がいないといけないから、実家にすぐ駆けつけられる距離にいよう」そう考えるだけできょうだいの人生の選択肢は狭くなってしまいます。

きょうだい自身は一度、物理的な距離を置くことで、そうした「私がいなければ」「私がやらなければ」という不安感からも離れることができます。強調して言いたいのは「物理的距離は心の距離」とも言えるということです。きょうだいにとってライフステージの変化と選択によっては、親との関係を再構築する機会となり、家族との距離を調整しつつ自分を大切にすることを実感できるきっかけとなりうるのです。

3 きょうだい自身が自分を大切にするために

1／傾聴・共感され境遇と気持ちを理解される機会があること

きょうだいは本当の気持ちを相談できない状況に置かれています。そして時に、自分に選択肢が与えられていないよう感じることがあります。

大人になったきょうだいが親に代わり、当事者に関わる支援者に接すると、私が経験したように支援に携わる人々からは「今月の～日に来てください」「当事者と一緒に住むことはできないか」「将来はあなたが

入院費を払ってくれないか」と、それまで主たる介護者であった親がしていたことと同じ振る舞いを求められることもあります。家族側に立つとなると非情なほど心が痛みます。しかし、支援者側に立つとそのように家族とひとくくりにし、当事者を支援する上で必要な家族の力を求めたい気持ちは理解できなくもありません。

きょうだい特有の経験や思いを理解されない体験をすると、きょうだいは心を閉ざすことになります。そうなった場合に、その先を見通した時、親亡き後の支援者と家族の信頼関係に影響を及ぼします。それは支援者も望むことではないでしょう。そうした共感をされない経験をした多くのきょうだいたちは、ピアサポートであるきょうだい会につながっていくのです。

きょうだい会だけでは、きょうだいのすべてを支えていくことはできません。地域社会や支援者の理解があって、はじめてきょうだいは親亡き後も本来のきょうだいらしくいられるのだと思います。

2／「普通」に縛られない生き方をみつけること

ヤングケアラーを苦しめるのは何か。その一つとしてあるのは、私たちの無意識にある「普通」という価値観だと思います。「普通とは何か」周囲の人に質問してみてください。一人ひとり考え方が絶妙に違うと思います。それぞれの人がその経験からくる価値観を自身が尊重することと、他者に同様の価値観を求めることは別のことであると考えます。100人いれば100人の選択があっていい。そう思わなければ押しつけになってしまいます。

偏見は偏ったものの見方です。スティグマと言われたりもします。個人の価値観を意識的にでも無意識的にでも人に当てはめてみることで、当てはめられた個人が不快感を抱きます。それが、偏見の構図だと理解しています。また、そのように偏見を向けられた個人も社会から向けられることによる不利益は現実に起こります。

私の場合、支援に携わる人に「家族なんだから面倒をみて当たり前だよ」「親亡き後の入院費用はきょうだいがなんとかするんですよね」と言われることもありました。これは、当事者を思いやった言葉で、支援者に悪気があって言っていないことは理解しています。このように、個人としては周囲から選択肢が与えられないような言われ方をするのは、きょうだいにとってとてもつらいことなのです。当事者の意思決定支援を行うときも同様ですが、ケアラーに対しても「あなたはどうしたいの？」と尋ねることで気持ちへの気づきを促し、場合によっ

ては選択肢を提示できるように関わっていただけたらと思います。

しかしながら、私はケアラーが葛藤し、苦しむのは「社会からの偏見のせい」とだけ言い切るつもりはありません。

実は、偏見は他者へ向けられるものだけではありません。「セルフスティグマ」という言葉もあって、それは自分自身に対する偏った捉え方を指します。理想の自分を追い求めるがあまり、自分を苦しめた経験がみなさんにはないでしょうか。「〜歳までには〜したい」などの目標も似たところがあります。そうした自分の描いている人生に対してケアラーたちが、ケアを理由に達成できない時、葛藤が生まれるでしょう。その時に選択肢が狭まっていたり、与えられない状況だと余計に思い詰めてしまいます。そんな時こそ、等身大の自分を見つめ「今何ができるのか」そのことを整理することが大切になってきます。

自分のしたいこと、目標としていることができない理由が、ケアをしている物理的時間や精神的な不安にあるのだとしたら、それに対し時にきょうだいが肩の荷をおろせるよう、周囲にいる人間は選択肢を示す余裕をもってほしいのです。そうすれば、ケアラーたちは背負うことも距離を置くことも選ぶことができます。ここで重要なのは「支援者や親など、周囲の思う正しい選択を強いられること」ではなく「どのような選択をしたとしても、ケアラー自ら選択することを最優先にすること」だと思います。

当事者の自立支援のためを考え一般的に「普通」と言われるサポートの定石があるのだとしても、

それを意思をもって選択するのは個人です。一人ひとりが『普通』に縛られず、あなたはあなたらしく生きていいのです。そう決断し進むためには周囲の理解が不可欠です。自分らしい選択ができても、その選択を周囲からも受け入れられず、非難されてしまうのはさぞつらいことでしょう。

3／楽しめる、自分を大切にする時間をつくること——フロー

スポーツに集中している時、リズムよく作業をしている時、好きな趣味に熱中している時、人間はいつの間にか夢中になっています。「夢中」の他にも「没頭」「無我の境地」と言われることもありますが、心理学用語ではそのような状況を「フロー」と言います。みなさんにも経験があると思いますが、なんでも夢中になれるとは限りません。

①不安ゾーンは、行っていることに対し、気持ちが前のめりとなり自分のスキルが足りない状態です。その状況からはモチベーションが維持できず不安が駆り立てられてしまいます。②退屈ゾーンは、

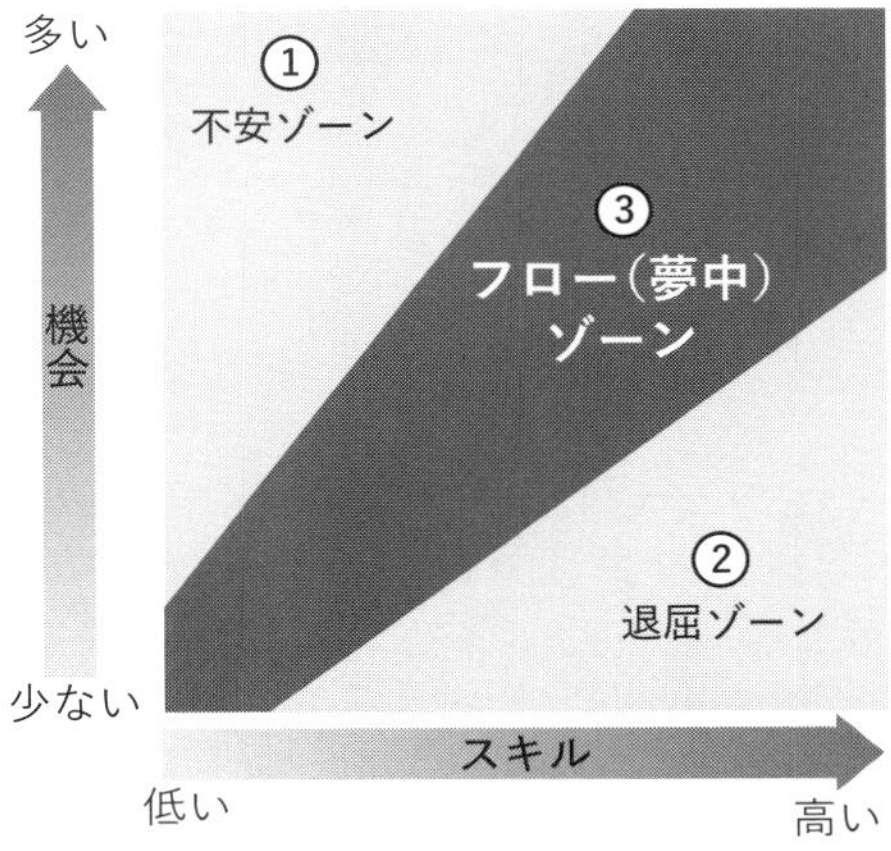

フロー図

『フロー体験入門』（世界思想社）2010年、『「作業」って何だろう』（医歯薬出版）2017年を参考に編著者が作図。

行っていることに自分のスキルを活かす機会が適切に得られていない状況です。そのような状況は技量を持て余すことになり、物足りなさなどの不満感情が湧いてくるでしょう。③フロー（夢中）ゾーンでは自分のスキルとそれを活躍させる機会が適切に与えられている状況と言えます。そうすることで、満足感・充足感がついてくるでしょう。

なぜこの時間が必要なのか。フロー状態がもつ構成要素として、「直接的で即座のフィードバック（活動の過程における成功と失敗が明確で、行動が必要に応じて調節される）」「成功する可能性があると実感できる（明確な目的、予想と法則が認識できる）」「経験に夢中になり、他者のニーズが無視できるようになる（意識が体験でいっぱいで調和している）」があります。

こうしたフロー状態の連続活動の試行錯誤は小さな成功体験の積み上げを生み出し、周囲ではな

く自己に集中していくことが、自信をもって前向きに生きること（自己肯定感）を高めることにつながるのです。フローの不均衡に陥らないためには、等身大の自分をみつめる時間や機会が必要です。フローについては、経験として実感がある方も多いのではないでしょうか。

学生のヤングケアラーにとっては、ケアから離れられる時間。安心して勉強する時間や遊ぶ時間、部活動をする時間、好きな習い事をするなど子どもにとって当たり前の時間を確保することは、自分のやりたいことに挑戦できるだけの機会をつくるという意味で重要なのです。

4／自分を客観視し、生活をコントロールすること——メタ認知とコーピングスキル

●意識した情報を収集する脳の機能

人の脳機能には毛様体賦活系（RAS：Reticular Activating System）と言って、意識していることに注目するためにそれ以外を振り分ける機能があります。その時に興味をもっていることが、つい目に入ってしまうことや考えてしまうこと、それは脳の機能の一つなのです。

きょうだいが当事者や親などのことが心配で仕方なく頭から離れないような状況、日常の中で頭の隅にずっとある漠然とした不安などは、そのような脳の機能が生きづらさとして影響していると考えることができます。

●メタ認知とコーピングスキルの活用で自分を客観的に捉える

自分を俯瞰してみることで自らの認知（体験、感じ方、考え方、判断）を客観的に捉えることを心理学用語では「メタ認知」と言います。

これは認知療法の用語ですが、忙しい日常からふと、自分のことを考える時間やきっかけをつくっていくことが、その気づきにつながります。先述したフローはそのようなきっかけづくりとしても大切です。

自分は何に不安を感じているのか。その背景にあるストレス因子や感情に気づくことで、それに合わせた自分なりの対処法をもつことができます。そうすることで自分自身の感情のコントロールができ、冷静な判断や行動ができる状況を保つことができるのです。これを、コーピングスキルと言います。

ケアラー特有のストレスと常にうまく対処をしていきたいですよね。人間は、ストレスにさらされる生活を続けていると短期間で不安、怒り、抑うつなどの情動の変化、心拍数が増加するなどの生理学的変化が生じます。長期的には自信喪失、思考力の低下、無気力、引きこもり、自律神経系の乱れや機能低下がストレス反応として現れてきます。その対処法として紹介したこのコーピングスキルには、大きく「問題焦点対処型」「情動焦点対処型」の2種類あると言われています。

「問題焦点対処型」は、ストレッサー自体に働きかけ、問題を解決しようという考え方です。ストレッサーを変化させることでストレスを根本からなくしていく方向を指します。

ヤングケアラーに置き換えれば、「当事者の将来の見通しが立っていないこと」「癇癪や不機嫌などにより、不可抗力的に侵襲を受けることや避けるために顔色をうかがい、気をつかいすぎて疲れてしまう」などがストレッサーとして挙げられるのではないでしょうか。支援者が保護者である親の孤立感にアプローチすることや、当事者自身が特性に応じた穏やかに過ごすための生活への配慮やサポートが得られれば、そのストレッサー自体が軽減していくのではないでしょうか。

ケアラー自身がストレスに直面した時に周囲の頼れる人からのサポートが得られ、適切なアドバイスや介入を得られる状況も「問題焦点対処型」の一つです。中立的な立場で傾聴・対応を担う支援者の存在はメンタルヘルスの観点においても大切になってくるでしょう。

次に、「情動焦点対処型」になります。これは、ストレッサーには働きかけず、自身の感情をコントロールしていこうという視点です。誰かに話したり気分転換をすることで感情を外に向け、整理・発散していきます。

整理する方法としては、ストレス因子は早急に変えられない場合もありますが、ストレスを受け取っている自分自身の物事の捉え方や考え方を修正することで、悪いことばかりではなく、今までに気がつかなかった良い点に注目をすることができます。そうすることで、不安にさらされることも減り、気持ちをコントロールしやすくなります。

発散法としては、気晴らしや自分の好きなことを行うことで、気分転換を図ることが挙げられます。ストレッチをしたり、運動することで身体の緊張を緩めていく（自律神経に働きかける）リラクゼーションや、緊張状態が続かないよう環境に左右されず、自分の趣味の時間をつくれることなど、自分なりの無理ない気分転換法とその時間を見つけることも含まれるでしょう。

ケアラーに置き換えると、日常のケアが習慣化し、自分の心があげている心のSOSに気づきにくくなったり、抑うつや頭痛に悩まされたりと自律神経の乱れより心や体に不調をきたすことがあります。

これらは簡単に書いているようにみられますが、一人で考えると状況を整理しにくかったり、混乱することもあるため、ピアサポートの場でもそうした勉強会に参加することや心理カウンセラーなどの専門家の力を借りるのも一つの選択肢でしょう。

自分の感情や気持ちに気づいてくると、その先には、かつての自分、例えばヤングケアラー時代に感情を押し殺してきた気持ちと今の自分の気持ちとを切り離して考えることができるようになってくるのです。トラウマ的体験には切り離して考えてもフラッシュバックすることもありますが、そうなる背景も洞察していくことで自分なりの納得のいく解釈が得られることもあります。

（『対人ストレスコーピングハンドブック』参考）

4 きょうだいが頼れる⁉ 既存の公的機関・相談機関

日本各地でも相談窓口の設置などヤングケアラー支援の構築が進んでいますが、既存の公的機関やサポートの中で頼れる機関はあるでしょうか。公的なサポートは「申告制」であることが大きなポイントで、何が原因かで困っていても支援を求める本人がSOSを明確に適切な窓口に出すことができないと対応できないことも多いのです。

ヤングケアラーの社会的に認知が進んでいない現状で、ヤングケアラーが出すSOSを受け取る関係性があり、「助けて欲しい」と直接申告をしてきたり、「この子はヤングケアラーである」という認定がなくとも近くで見守り境遇からのつらさに向き合う大人が必要です。

では、既存の公的機関や相談機関でSOSを受けとめるものには、どんなものがあるでしょうか。

1／きょうだいヤングケアラーが対象の公的機関——厚生労働省・法務省・文部科学省

国はヤングケアラーの相談窓口として、次のような窓口を紹介しています。

これらの電話番号に、果たしてどれだけのヤングケアラーのきょうだいが自発的に辿り着き、電話をかけられるのでしょうか。

(1) 児童相談所相談専用ダイヤル

児童相談所は、都道府県、指定都市等が設置する機関で、子どもの健やかな成長を願って、ともに考え、問題を解決していく専門の相談機関です。虐待の相談以外にも子どもの福祉に関するさまざまな相談を受け付けています。

電話番号：0120－189－783（いちはやく・おなやみを）〈フリーダイヤル〉

受付時間：24時間受付（年中無休）

(2) 24時間子供SOSダイヤル（文部科学省）

いじめやその他の子どものSOS全般について、子どもや保護者などが夜間・休日を含めて24時間いつでも相談できる、都道府県および指定都市教育委員会などによって運営されている、全国共通のダイヤルです。

電話番号：0120－0－78310（なやみいおう）

受付時間：24時間受付（年中無休）　※通話料無料

（3）子どもの人権110番（法務省）

「いじめ」や虐待など子どもの人権問題に関する専用相談電話です。
電話番号：0120-007-110
受付時間：8：30～17：15（平日）※通話料無料
土・日・祝日・年末年始は休み

2／きょうだいヤングケアラーが頼り得る専門職

（1）教員、養護教諭、スクールカウンセラー、スクールソーシャルワーカー

神奈川県藤沢市（2016）、新潟県南魚沼市（2015）の学校の教員を対象にアンケートによると、学校現場の教員が「これまで家族ケアをしているのではないかと感じた児童生徒がいた」と答えた割合は「48・6％」でした。この数字は決して少なくないものであると私は考えます。そして、ヤングケアラーのSOSは直接的ではなく間接的な形で出されている場合もあります。「自分はヤングケアラーである」と自らを定義して相談しなければならない申告制（直接的）であることはヤングケアラーにとって簡単なことではなく、場合によって問題行動（間接的）として出ることも考慮し、ヤングケアラーに近い存在への理解・啓発が必要になってくるでしょう。

ヤングケアラーが信頼して頼れる学校、教員、養護教諭（保健室）であり、スクールカウンセラー、

スクールソーシャルワーカーであってほしいと思います。

(2) 相談支援事業所

ヤングケアラーと同時期に、ヤングの当事者が福祉サービスの利用にあたり利用計画をつくる相談支援専門員がいる事業所になります。これは障がい福祉におけるケアマネジャー的役割をもつ人たちです。当事者やヤングケアラーが子どもであるこの時代、子ども自身が相談支援専門員に直接的なSOSを出すことは簡単ではありませんが、親を通じて家庭の状況を把握し相談することや地域のピアサポートなどの情報提供は可能な立場にいることと思います。

(3) 第3の居場所

公民館や図書館、公園、公的機関ではありませんが、学童保育など友達と会え、時に待ち合わせし、遊べる場所が徒歩や自転車移動圏内にあることは、ヤングケアラーにとって第3の居場所として機能しうるかと思います。そこに関わる大人の意識一つで、相談するきっかけやヤングケアラー全体が話せる関係性ができていくのではないでしょうか。

地域のきょうだい会に参加するとなると、ヤングケアラーでは親の理解なども必要になり、ハードルの高さもあるでしょう。

3／大人のきょうだいケアラーが頼り得る専門職

(1) 市町村福祉課窓口

福祉課の窓口が主な相談窓口になると思われますが、対応には地方自治体によって差があることが現実です。福祉サービスの事業所の住所や電話番号の載った一覧表を渡されて、「個別の事業所の斡旋はできないため、ご自身で連絡してください」と言われることもあります。

当事者の自立支援に関しても、一覧表を渡されるだけで事前知識がないのは当たり前であるので、実際の相談や構造が複雑な福祉サービスの流れを適切に理解し、サービスの利用につなげるのは、家族にとって過大な労力を要する現状もあります。

精神保健福祉士など外部の相談員を雇用している場合もありますが、障がいを抱える当事者ではなく、きょうだいの悩みに関して、本質的な意味で相談にのってもらうことは簡単なことではないでしょう。

ヤングケアラー相談窓口が高齢課に設置される流れが進んでいますが、福祉課との連携やSOSを出しに窓口に来たケアラーの本質的な相談にのれる準備があることは大切だと思います。また、市役所が空いている曜日と時間ではないと相談対応ができないことは、社会生活を営みつつ仕事やケアに忙しいケアラーが相談しやすい環境とは言えません。メール対応や土日、夕方以降の電話相談など柔軟な相談体制が求められます。時間外の相談は民間との連携を図っていくこともよいでしょう。

(2) 保健所

各市町村に1つあることは少なく、複数の市町村を管轄する保健所があることが多いため、近隣の市町村に合わせて相談先を探す必要があります。

国の「健康日本21」の取り組みは、(2000〔平成12〕年)3月31日の厚生省事務次官通知等により策定されました。その後、健康増進法により都道府県、市町村においても策定が要請されていることに伴い、全国の保健所では休養・心の健康づくりについて、以下の4項目の数値目標が設定されています。

(1)ストレスを感じる人の減少
(2)睡眠による休養を十分にとれていない人の減少
(3)睡眠の確保のために睡眠補助品やアルコールを使うことのある人の減少
(4)自殺者の減少

これらの心の健康に関する窓口は、ケアラー自身の心の健康という側面で相談と対応をしてもらえると思います。

（3）相談支援事業所

ヤングケアラーと同様に当事者の福祉サービスの利用にあたって計画をつくる相談支援専門員のいる事業所になります。大人の福祉となると、事業所によっては、当事者のサービス利用を前提とした相談しか対応が難しい場合もあるので注意をしてください。

4／今、各地域で求められている公助の視点——地域共生社会・地域包括ケアシステム

ここでは、公的な社会システムについて触れます。厚生労働省は、地域共生社会・地域包括ケアシステムの構築をすすめており、障がいを抱えた当事者だけでなく、その家族も住みなれた地域の中で、社会の一因として生きづらさを抱えぬよう、支え合える社会づくりが今求められています。

まず、地域共生社会から触れていきましょう。介護保険は基本的には65歳以上の高齢者が利用する制度ですので、管轄が違うともとらえられがちですが、地域には高齢者以外にも子ども、障がいを抱える人、それをケアする人、などさまざまな人が住んでいます。きょうだいに限らず、各地域にいるさまざまな立場や境遇を抱える当事者たちがピアサポートグループを運営していけるように公助でサポートしていくことはより良い共生社会の実現に向けて大切だと考えています。

次に地域包括ケアシステムの構築に向けた取り組みです。すでに高齢者福祉の分野では窓口が設置され、取り組まれていることも多い構想です。

この厚生労働省が出した指針の構築には、地方自治体である市町村の管轄の理解だけではなく、地域の関心のある人々の理解や問題意識が不可欠です。厚生労働省は実際に構想としては「精神障害にも対応した地域包括ケアシステム」として、このような図を出しています。

この中でも基本圏域である市町村単位（共助）の概念がピアサポートと関係する部分となります。すでに地方自治体において高齢者分野では、「介護者サロン」と呼ばれるようなケアラーが、一般家庭や商業施設、公的施設で定期的に行っている民間の取り組みを地方自治体が把握し、必要な人につなげる取り組みが浸透しています。これもピアサポートの行政サポートのあり方の一つです。このように、障害福祉や当

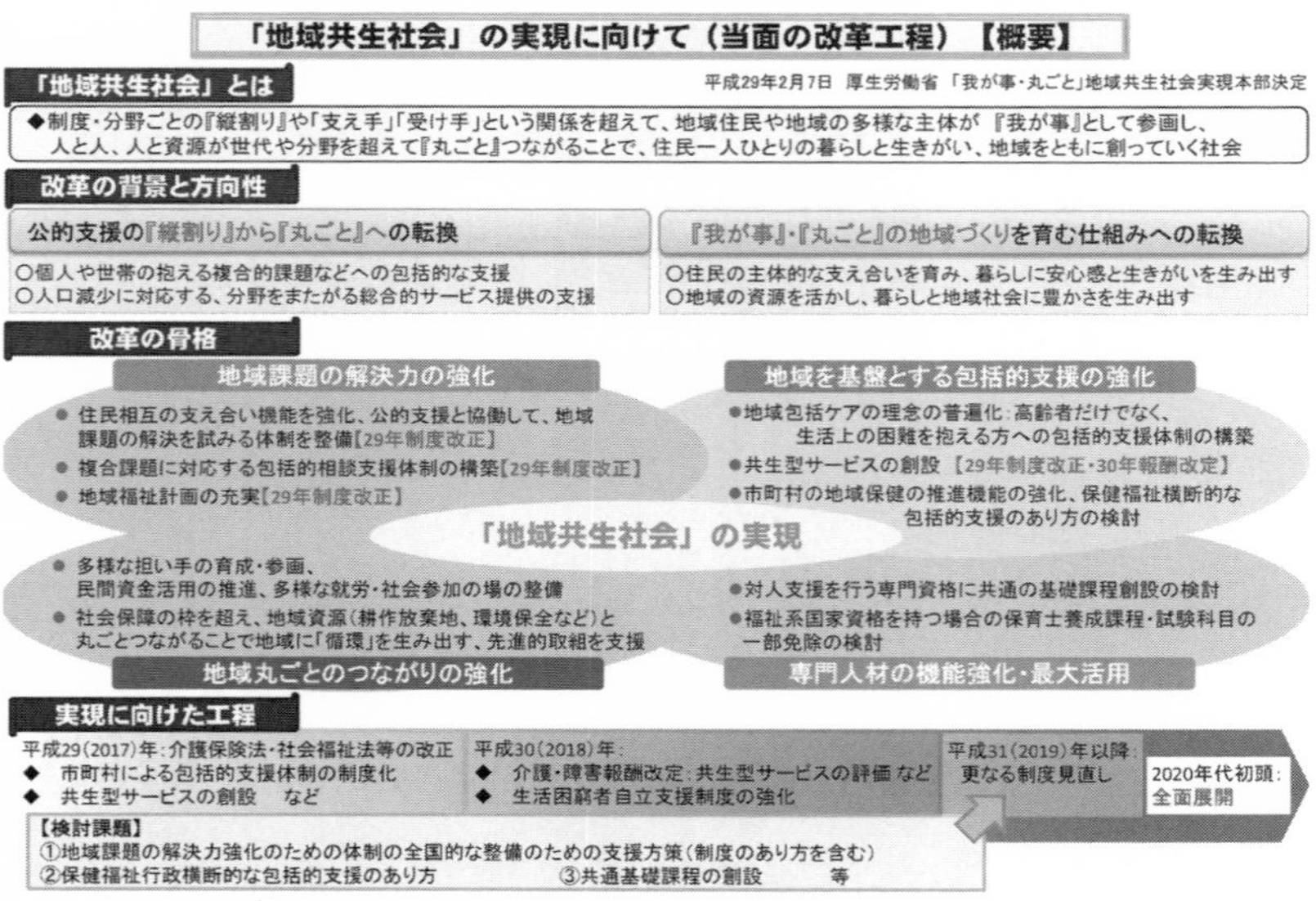

「地域共生社会」の実現に向けて（当面の改革工程）【概要】
「地域共生社会」とは
平成29年2月7日　厚生労働省「我が事・丸ごと」地域共生社会実現本部決定
◆制度・分野ごとの『縦割り』や「支え手」「受け手」という関係を超えて、地域住民や地域の多様な主体が『我が事』として参画し、人と人、人と資源が世代や分野を超えて『丸ごと』つながることで、住民一人ひとりの暮らしと生きがい、地域をともに創っていく社会
改革の背景と方向性
公的支援の『縦割り』から『丸ごと』への転換
○個人や世帯の抱える複合的課題などへの包括的な支援
○人口減少に対応する、分野をまたがる総合的サービス提供の支援
『我が事』・『丸ごと』の地域づくりを育む仕組みへの転換
○住民の主体的な支え合いを育み、暮らしに安心感と生きがいを生み出す
○地域の資源を活かし、暮らしと地域社会に豊かさを生み出す
改革の骨格
地域課題の解決力の強化
● 住民相互の支え合い機能を強化、公的支援と協働して、地域課題の解決を試みる体制を整備【29年制度改正】
● 複合課題に対応する包括的相談支援体制の構築【29年制度改正】
● 地域福祉計画の充実【29年制度改正】
地域を基盤とする包括的支援の強化
●地域包括ケアの理念の普遍化：高齢者だけでなく、生活上の困難を抱える方への包括的支援体制の構築
●共生型サービスの創設【29年制度改正・30年報酬改定】
●市町村の地域保健の推進機能の強化、保健福祉横断的な包括的支援のあり方の検討
「地域共生社会」の実現
● 多様な担い手の育成・参画、民間資金活用の推進、多様な就労・社会参加の場の整備
● 社会保障の枠を超え、地域資源（耕作放棄地、環境保全など）と丸ごとつながることで地域に「循環」を生み出す、先進的取組を支援
地域丸ごとのつながりの強化
●対人支援を行う専門資格に共通の基礎課程創設の検討
●福祉系国家資格を持つ場合の保育士養成課程・試験科目の一部免除の検討
専門人材の機能強化・最大活用
実現に向けた工程
平成29(2017)年：介護保険法・社会福祉法等の改正
◆ 市町村による包括的支援体制の制度化
◆ 共生型サービスの創設　など
平成30(2018)年：
◆ 介護・障害報酬改定：共生型サービスの評価 など
◆ 生活困窮者自立支援制度の強化
平成31(2019)年以降：
更なる制度見直し
2020年代初頭：
全面展開
【検討課題】
①地域課題の解決力強化のための体制の全国的な整備のための支援方策（制度のあり方を含む）
②保健福祉行政横断的な包括的支援のあり方
③共通基礎課程の創設　等

国の示す地域共生社会構想

事者に関わるヤングケアラー・ケアラーにおけるピアサポートにおいても、各自の生活を営む地域住民が運営をしやすくするためのサポートが必要なのです。

　ヤングケアラーに関する公的な相談窓口は日本でもつくられはじめ、保健所や教育委員会（学校現場）、福祉課が連携してヤングケアラーをサポートしはじめた地方自治体もあります（132ページ参照）。

　このような公助（地域包括ケアシステム）の視点から見ても、地域住民が開くピアサポートの運営負担を減らすためにも、場所の提供や公的な相談窓口の入り口は地方自治体に、その地域のピアサポートグループや仲間につなぐまでの役割を担っていただくことで、効率よく回っていくと私は考えています。

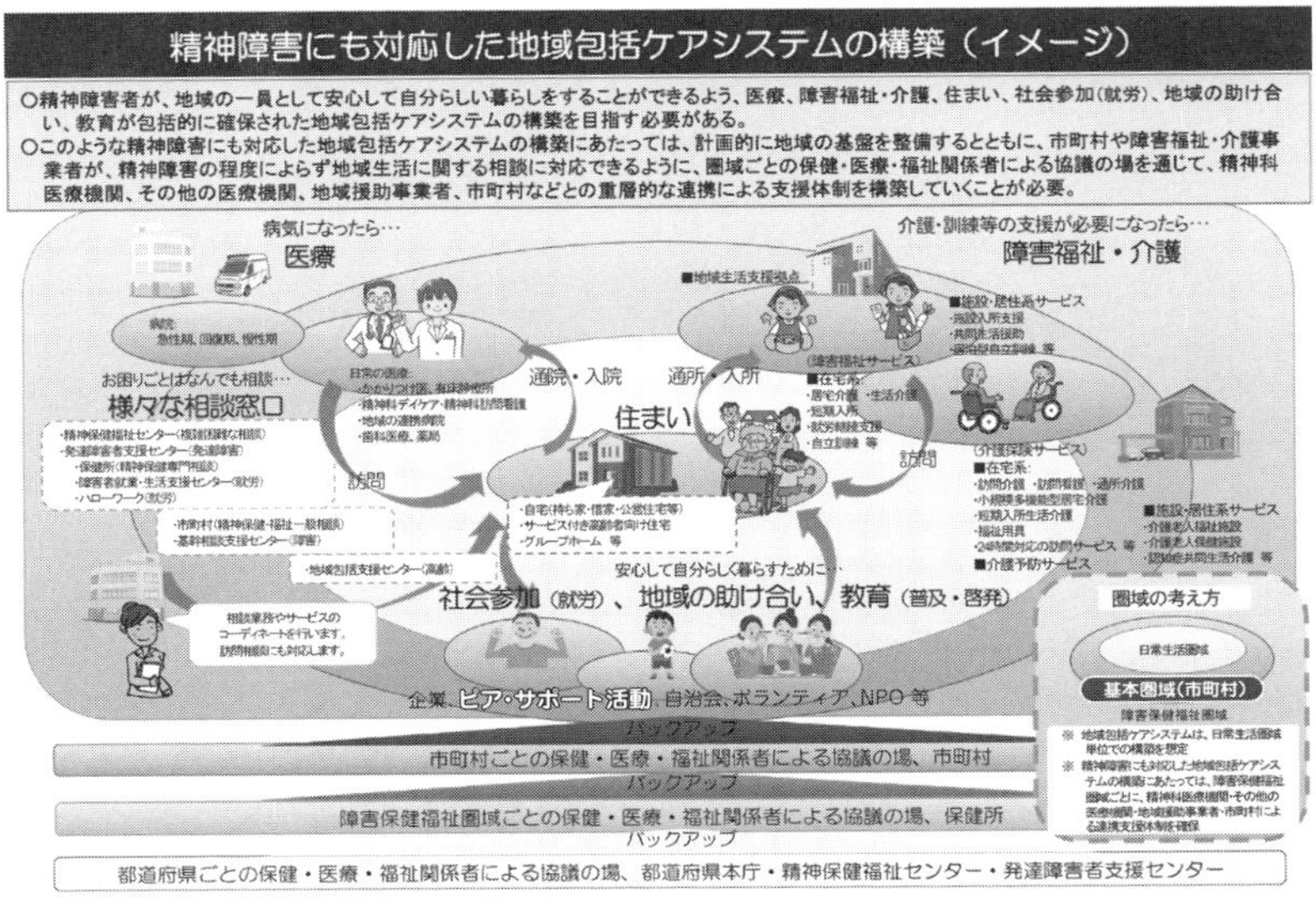

国の示す地域包括ケアシステム構想

公的な機関から民間につなぐというのは、地域住民や民間団体が「我が事」として主体性をもって地域をつくり盛上げていく視点です。誰にでも起こりうるケアの課題が、点の支援で終わり、紹介するだけのたらい回しになることは決してあってはいけません。

相談方法に関しては、大人になり仕事をするケアラーにとってはとても重要な視点で、土日や平日17時以降はつながらない相談窓口は電話ができる機会は少ないです。電話だけでなく、ケアラーたちが時間に縛られない手段として、メールでの受付も必要になると思います。

Part 5

〈提言〉きょうだいヤングケアラーへの支援のために

1 地域に応じたヤングケアラーへの調査と啓発・支援体制の構築を

1／地域ごとにさらなるヤングケアラーの調査を

Ｐａｒｔ３では厚生労働省は文部科学省と連携し、ヤングケアラーの実態調査に乗り出し報告書を作成したデータを掲載しました（72ページ）。しかし実際は、すべての学校や地方自治体で行われたわけではなく、抽出的に行われた調査です。日本の平均的な最小公約数としての指針がでたことであると言えます。これからは、全国的なヤングケアラーの実態と傾向がつかめた後、各地方自治体で地域ごとのヤングケアラーの調査やそれに応じた相談窓口、対策構築が求められてくるでしょう。

ＮＨＫは２０２１（令和３）年、６月から７月にかけて全国の47都道府県と20の政令市を対象に調査を行いました。左の地図の濃いアミと黒●で示しているのが、「すでに実施」または「今年度中に実施予定」と回答した自治体です。67の自治体のうちおよそ30％にあたる20の自治体です。

都道府県では、北海道、新潟県、長野県、埼玉県、静岡県、愛知県、福井県、大阪府、和歌山県、奈良県、鳥取県、長崎県、熊本県、大分県、沖縄県の合わせて15県。政令市では、大阪市、札幌市、京都市、さいたま市、北九州市の5市が実施しました。

一方で、70％にあたる合わせて47の自治体が、「調査の予定がない」か「調査したいが具体的に決まっていない」と回答しました。私の住む栃木県は調査実施の予定はありません。これからみなさんの住む各自治体の動向に注意を払っていく必要があるでしょう。

図　ヤングケアラー実態調査（道府県・政令市）

厚生労働省の調査でのきょうだいに関する質問項目は「幼い」「発達障害」「知的障害」「身体障害」「精神障害、依存症（疑いを含む）」「精神障害、依存症以外の病気」「その他」となっていましたが、複数回答であったことと「幼い」に込められた解釈の幅の広さときょうだいヤングケアラー自身の主観的な解釈の違いがあると推測できます。中学生から高校生にかけて「幼い」が減っていることを考慮すると、実際に幼い弟または妹が成長し、ケアが必要なくなる場合もあったのかもしれませんが、進学か就職かなど選択を迫られる高校でも70・6％と高い割合になっています。

また、「発達障害」や当事者が未診療・未診断でもケアをしている場合や、引きこもり、複合的な特性をもっていることや、詳細な診断が出ていてもアンケートの対象者であるきょうだいヤングケアラー自身が当事者を「障がい」として認識しているかが大きく影響を与えているのではないかと考えられます。特に「幼い」に関しては、その他に圧倒的な数字の差をつけており1位の数字となっていますが、「幼い」の中にはヤングケアラーの障がい理解などさまざまなバイアスがかかっており、複数選択可能であることも踏まえると、ヤングケアラーにとって「幼い」という項目は選びやすい項目であったことが推測されます。

そのため、さらなる実態調査では、数字的な数的調査だけでなく客観的な状況が把握できるように質的な地域ごとの実情を把握し、それぞれの地域の社会資源に対応した支援体制の構築を地方自治体単位でつくっていく必要があると考えます。

子どもたちの中には厚生労働省のアンケートでの、自由記述を通してヤングケアラーとして発信している人もいました。自らのつらい経験や問題意識を発信したわけですから、助けを求めているヤングケアラーに関しては、調査で終わってしまうのは好ましくありません。

「友達には黙っていたい・隠しておきたい」という意思も大切で、外部が無理に介入することよりもその子のタイミングや気持ちに寄り添い、選択を任せる必要もあるでしょう。しかし、せっかく自発的にＳＯＳを出したきょうだいに関しては、救済の手が社会や大人から適切に差し伸ばされるべきです。

2／ヤングケアラーが救われるための一歩、踏み込んだ支援体制

今後、支援体制を構築していくためには、子どもとの接点と発見という点で教育委員会や児童相談所、医療福祉機関などヤングケアラーや当事者に近い地方自治体や支援機関は、大きな役割をもつと考えられます。そのため、まず啓発活動として当事者やヤングケアラーに近い支援者が実態を知ること、支援方法の経験を積み重ねていくことが求められてくるでしょう。

支援事例を積み上げていくために、支援者同士の相談体制やノウハウの共有ができる体制も必要です。兵庫県神戸市のように、市町村として相談に応じ、関係者を招集し、専門家や有識者と共に検討と対応ができるような体制をつくる場合もあれば、鳥取県のように行政職員やケアマネジャーなどを対象に研修として組み込む場合もあります。ほかにも、栃木県那須塩原市のように官民が共同で協議会をつくり、さまざまな機関が定期的に集まり、新しい情報や実際の支援事例を共有していく場合もあるでしょう。

3／ヤングケアラーの啓発活動について

また、同時に厚生労働省の調査と検討会でもヤングケアラーになりうる子どもたちに対してヤングケアラーの認知度を向上させていく必要が明らかになり3年で5割という数値目標も出ました。

認知度と言っても、ヤングケアラーという名前を表面的に学ぶだけでは、今までと変わりません。那須塩原市ヤングケアラー協議会の独自調査では、ヤングケアラーの名前を知っていても、その中身についてよくわかっていなかったという中学生の声も上げられていました。澁谷智子氏の調査（119ページ）にあったように、48・6％の教員は実態を知っていたのですから、これから伝えるべきなのは、現場の先生や支援者たちであり、ヤングケアラーの声に合わせて具体性のある認知度を上げていくことなのではないでしょうか。

先行事例では、鳥取県でも啓発として「フォーラム」を開催する考えについて知事がコメントを出しましたが、関心のある支援者だけではなく、ヤングケアラーであったり、その友達になる子どもたちにも直接発信していく必要があるでしょう。

リーフレットの作成や電話相談窓口の設置を発信する自治体も増えてきましたが、厚生労働省の資料をみても、公的な相談窓口に電話しようと思う子どもたちは少ないことがわかっています。

ヤングケアラーが相談しない理由としては「相談するほどの悩みではない」「相談しても状況が変

わるとは思わない」という声が多かったことを踏まえると、啓発をしていくことと、地域社会や大人が本気であることを伝えるためには、子どもたちに直接語りかける機会も必要だと思っています。そのため、実際に私の住む那須塩原市では、「にしなすケアネット」にて「那須塩原市ヤングケアラー協議会」を設置し、議論検討を重ね、地元学校と連携し、授業を通して伝える取り組みを始めることができました。

　このような一連の官民を超えた連携体制づくりは、単一の相談機関や支援機関で完結はできない支援体制であるため、Ｐａｒｔ４．４（４）（169ページ）に掲載した「地域共生社会」「地域包括ケアシステム」としての地域づくりの考え方と親和性のある一モデルになるのではないでしょうか。

2 ピアサポート体制のあり方について

1／疲弊してしまうオンラインでのピアサポート

昨今はオンラインでのピアサポートも民間で整備されてきています。オンラインでは、スマートフォンやパソコンがあれば移動や場所に縛られず、日常の吐き出せない気持ちを家にいても誰かに話すことができます。とても手軽につながりやすいツールです。そうした機会は、忙しい日常の中でも気持ちの支えになることができるでしょう。しかし、ケアラー本人が実際、家族のことについてどうにかしたい、状況を変えたいと思ったときに、地域の実情に応じた具体的な相談対応や相談者への個別対応が密にできるとは限りません。

特にチャット式のオンラインのピアサポートでは、好きな時間にそれぞれが書き込める分、返信にも個人差があります。利用者の年齢確認も難しいため、その中にはヤングケアラーも存在し得ます。そのため、きょうだいとしての語りと共感だけではなく、時には緊急性のある事態や専門的な相談、助言が必要な場合も出てきます。当たり前ですが、ピアサポート団体の中での返信者も、相談を生業としているのではなく生活を営む一個人なので、悩みを書き込んだケアラーの緊急性に対応できないこともあります。ピアサポートというのは同じ境遇の人たちが集まるからこそ話しやすいことに価値がありますが、実際の現在進行形のケアラーたちが、同じ仲間の力になりたい一心で、さらに自身の家族以外の問題を背負ってしまう構造ができてしまうこともあるのです。

そのため、オンラインの特にチャット形式では、緊急性や専門性のある相談にケアラーみんなが必ずしも対応できないことも多く、相談とその対応のバランスが崩れ、個人間の距離がとりにくくなる難しさがあります。そうしたつながりやすさゆえに、相談を受けるケアラーたちが疲弊してしまう状況をつくるのです。

想像してみてください。ＳＮＳ、チャットがアクセスしやすいからと言って、相談者：返信者＝１００：１〜２のような状況になったときのことを。責任感や義務感に突き動かされて対応したとしても、次第に疲弊し返信者の生活はいつか崩壊してしまうでしょう。

オンラインの場合、バランス感覚をもつには、人との距離感や個人の許容量に応じ、適切な距離感を相談者や返信者それぞれのケアラーが、自ら可能なラインで線を引くことを経験から学んでいくことが求められます。それも、片方だけでは成立せず双方に求められます。

リアルのピアサポートで行う定期的な集いなどでは、緊急性のある相談や対応が難しい場合もある反面、参加者にその日のその時間でしか時間的制約は発生しないため、環境的な側面からお互いの距離を保ちやすい環境と言えるで

しょう。ＺｏｏｍやＳｋｙｐｅなどのオンラインも対面と同様の性質をもつと言えます。

さらに、実際に相談をしても現実世界で動き出すのは、相談を受けた人ではなく相談者本人です。ケアラーが学び主体的に情報を収集、動き出したいと思った時、動き出して家族としての希望を伝えたとしても支援者から突き放しに合わないためにも、それぞれの生活拠点の近くで関わりうる実際の人の理解者の存在は不可欠であると私は考えています。そのため、ピアサポートのみで完結できないため、同時に公的なサポートの視点と支援者への啓発が今後より求められると考えています。

ピアサポートと地域の機関が必要に応じて連携できてはじめて、気持ちの面や実際の生活面で抱え込まず、社会全体でケアラーをサポートできる「つなぎ・安心できるサポート」が可能となるのです。

2／地域ごとにピアサポートをつくっていくには

それでは、このようにそれぞれの地域に住まうきょうだいたちで、ピアサポートグループをつくっていくためにどうしたらいいのでしょうか。

会の運営で大変なのは、打ち合わせ・集いを行う会場を確保すること（場所・経済的サポート）、広報（ＨＰ作成やチラシの印刷・配布など）や体制づくりなど（始めたいきょうだいに対するノウハウの提供や他のピアサポートグループとのネットワークにつなげるなどのサポート）です。これは、行政がサポートできる部分でしょう。

そうした現状を踏まえ、栃木きょうだい会では、2020（令和2）年度に栃木県の「とちぎユースチャレンジ応援事業」から補助金をいただき、YouTube上で家族支援の現状とあり方に関する講演会および体験談の報告、シンポジウムを開催しました。1か月間の無料公開で期間内に640名の方に視聴いただき、アンケートでは、ピアサポートへの公的な補助と連携の必要性の声を多くいただきました。

全国的にみると、ピアサポートを行うきょうだい会は法人格をとり、事業として補助金を基に会の運営や発信をすることもありますが、大半は任意団体です。互いに会場費用を参加費で分担したり、場合によっては運営者個人の自己負担で場所を確保していたりします。会を運営しているのは、それぞれが仕事や生活をもつ社会生活を営む一人の人なのです。地域に応じてたくさんの会をつくっていくという意味でも、会のつくりやすさと運営のしやすさをサポートする視点が必要なのです。

きょうだいがヤングケアラーであれば、より生活に制限の多い中で会の運営をすることになり、運営には大人のサポートが必要になるかもしれません。既存のきょうだいのヤングケアラーのピアサポートグループは元ヤングケアラーや大人たちが運営していますが、ヤングケアラー先進国のイギリスのように、学校の中でそういった外部のピアサポートグループの大人たちや機関が出入りしやすくなるような風通しのよさと連携体制も可能性として今後求められてくるでしょう。何度も言いますが、ヤングケアラーにとって必要なのは選択肢があることです。家に帰るとすぐにケアが始まるため、学校で行ったほうがいいというきょうだいもいれば、学校の外にあったほうが友達に知られずにいいと感じるきょうだいもいることでしょう。

3 支援者がキーパーソンを限定せず、当事者の自立支援という視点をもつこと

1／きょうだいがきょうだいでいられるための支援

これまでも触れてきましたが、家族が担うケアの量や質は、当事者の自立支援のための社会的サポートにつながることで軽減することができます。

もし、支援サービスを使える状況であるのに使っていないとしたら。もし、家族にその情報や知識が届いていないのだとしたら。これから利用したいという人がアクセスや相談しやすい体制が整っていないということが言えるのではないでしょうか。

これまで家族が担ってきた生活のあらゆるケアが、家庭に第三者が関わっていくことで分散させることができるのです。時間的制約の減少や責任の分散はきょうだいケアラーにとって、今と将来の選択肢を広げることにつながります。

保護者とは通院や入院、行政手続き、支援者とのやりとり、最終的な意思決定をする立場を指し

ます。ケアラーという広い解釈よりも、より限定的で制度上医療や福祉サービス利用における契約などでも責任が求められる家族です。一般的にはきょうだいがヤングケアラー時代は親が保護者役割を担っており、家庭でケアの状況があったとしても家族としての意思決定にきょうだいの意志が反映されたり、支援者の目に触れ、話ができるような表に出てくることは少ないが、親の力が弱まっていくにあたってきょうだいが保護者になることで、きょうだいの意思も反映されるようになります。

では、この保護者という考え方は家族にどう影響しているのでしょうか。

ＩＣＦ（International Classification of Functioning, Disability and Health）は、人間の生活機能と障害の分類法として、２００1年5月、世界保健機関（ＷＨＯ）総会において採択されました。これまで使用していたＷＨＯ国際障害分類（ＩＣＩＤＨ）がマイナス面を分類するという考え方が中心であったのに対し、ＩＣＦは、生活機能というプラス面からみるように視点を転換し、さらに環境因子等の観点を加えました。しかし、日本でこの環境因子の解釈や支援実態が、ケアラー家族にとって大きな偏見につながっている部分であると私は感じています。

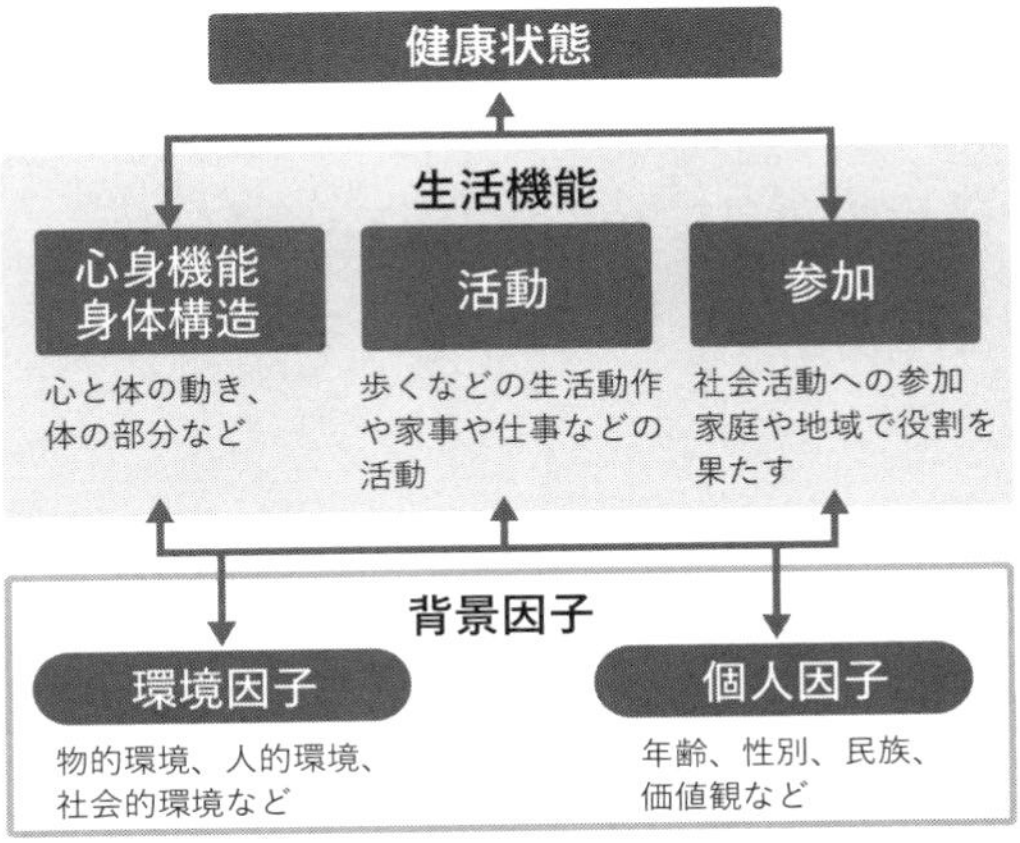

図　生活機能モデル（ICF. 2001）

厚生労働省では、ＩＣＦの考え方の普及および多方面で活用されることを目的として、ＩＣＦの日本語訳である「国際生活機能分類――国際障害分類改訂版」を作成し、厚生労働省ホームページ上で公表しています。現在の日本の医療や福祉職の養成課程では、このＩＣＦを当事者や家族をアセスメントしていくために学ぶことになっているかと思います。

ここでの環境的要因の人的環境として家族に触れられることがあります。日本では家族をケアの支援者の一員であることを前提として解釈しているように私は思います。支援者は家族と面談し聴取した内容のもと家族関係を図化します。その図はジェノグラムと言います。同居家族や兄弟姉妹関係を整理・認識し「キーパーソン」と言われる当事者にとって、一番支えになり影響力のある家族を支援者側が「勝手に」アセスメントし設定します。

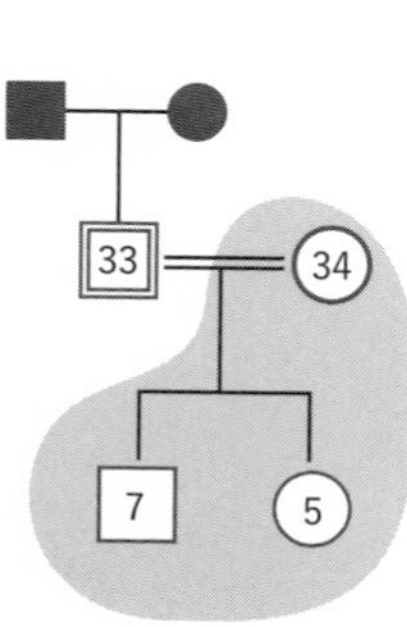

母と子どもが同居している
（母子家庭の図）

図　ジェノグラム

2／キーパーソンの設定は、当事者の自立支援の視点で設定される

キーパーソンは複数人設定されることは少なく、家族に「あなたが保護者でよろしいですか？」などと必ずしも同意を求められるとはかぎりません。入院していれば、入院の契約をする責任者、面会によく来る人、入院費用を支払っている人、当事者が信用している人がキーパーソンとして設

定されるでしょう。在宅療養では日常生活を共にしており、支援者に連絡をよくとっている人がキーパーソンとして設定されます。ここで支援者に欠けている家族側の視点として重要なのは、表に出てくる意見と家族それぞれの想いや意思決定は必ずしも同じとはかぎらないことです。

母親がよく支払いや当事者に会いに来るけれども、家に帰ると母親がみてきた状況を父親やきょうだいに話し、関わり方を相談するという構図もあるのです。そのため、家族内の関係性を踏まえた意思決定の流れの確認は長期的に支援をするためには重要なのです。

前述したように、支援者に見えている表面的な保護者は「親」であることが大多数であるため、キーパーソンの考え方に縛られてしまうと、親が当初の役割を担えなくなってきた時に「親→きょうだい」と矢印で、きょうだいへの傾聴や意思確認なく、支援者は他意のないままキーパーソンとしてきょうだいを設定してしまうことがあるのです。

決して当事者を取りまく家族や交友関係は一つの席を取り合う交代制ではないのです。この考え方自体が当事者に対して特定の家族への強い依存を支援者側が強化することにもつながるのです。実際の生活では、関係性の強弱はあっても、取りまく人たちが点と点でつながり、面や円で人間関係は成立しているのです。

このように、キーパーソンという視点で、支援者が当事者を支える上での実業務に親しみやすい形で設定されがちでありますが、ＩＣＦの環境要因としても、本来ならばもっと広い定義で使用されているものです。

(1)環境因子は、この分類の中では、次の2つの異なるレベルに焦点を当てて整理されている。

(a)個人的：家庭や職場、学校などの場面を含む個人にとって身近な環境。人が直接接触するような物質的な環境や、家族、知人、仲間、よく知らない人などの他者との直接的な接触を含む。

(b)社会的：コミュニティや社会における公式または非公式な社会構造、サービス、全般的なアプローチ、または制度であり、個人に影響を与えるもの。これは就労環境、地域活動、政府機関、コミュニケーションと交通のサービス、非公式な社会ネットワーク、更に法律、規定、公式・非公式な規則、人々の態度、イデオロギーなどに関連する組織やサービスを含む。

（厚生労働省『国際生活機能分類―国際障害分類改訂版』から引用）

このように、当事者の自立支援を考えたときに、キーパーソンになりうる人は必ずしも家族である必要はないのです。福祉サービスだけではなく、地域コミュニティや第三者との関係性の中で自立していくことも可能なのです。このように、支援者はマネージメントをする際に広い視点で当事者を取りまく環境を捉える必要があります。そのことで親は親役割を過剰に背負わず、きょうだいは親や支援者ではなく、本来のきょうだいの関係性でいられるのです。

4 福祉制度をよりわかりやすく使いやすく

1／専門の相談機関にたらい回しにされる現実

福祉制度につながる難しさは家族にとって大きな課題です。やっとの気持ちで相談しても、たらい回しにされることや、困って相談をしたら家族としての役割を強く求められたり（「あなたが頑張らないと」のような励ましなど）、福祉制度の難解さゆえにサポートを受けることをあきらめてしまう人も多いという報告もあります。

Ａ相談機関に相談したらＢ相談機関を紹介される。Ｂ相談機関に相談したらＣ相談機関を紹介さ

れる。C相談機関に相談したらA相談機関を紹介されるなんてこともよく聞く話で、家族にとって、たらい回しの経験は支援者への不信感や必要な時に家族で抱え込むことを助長してしまいます。ただ窓口だけを設けて対応のできない相談は逆効果になることがあります。アクセスのしやすく信頼・安心して相談できる福祉制度になっていくことを切に願います。

2／行政窓口では、わが家に沿ったサポート機関が見つけられない

行政機関は地図やイラスト付きの簡略化した福祉サービスごとの一覧が書いてあるパンフレットを作成したり、HPを充実させPDFデータなどで事業所の詳細を載せている自治体もあります。しかし、親世代はインターネットも使えない世代も多いため、直接的な相談窓口や支援者からの情報提供は貴重なものとなるのです。

福祉サービスを利用するにあたっては、当事者一人を複数の支援機関のサービスで見守っていきます。それらの福祉サービスの違いや役割を整理・理解しつつ一覧表から取捨選択するのは専門家のアドバイスが必要な場合も多いと思われます。

先行事例での取り組みの報告は少ないですが、相談支援専門員などの障がい福祉においても介護福祉におけるケアマネジャーに近い動きができるようなサービスを調整する役割を担える報酬制度づくりはより重要になってくるでしょう。

栃木きょうだい会での2021（令和3）年度に栃木県の「とちぎユースチャレンジ応援事業」で取り組んだ「障がいの抱える家族のためのオンライン会議」でのアンケートに寄せられたご意見の中には、行政機関や福祉制度のあり方に関してアクセスのしにくさの感想が多く寄せられました。行政窓口である福祉課に相談に行っても、「特定の事業所については斡旋につながるためお話できない」と膨大な事業所の一覧表を渡されてしまうケースもありました。

福祉の利用をせず家族の中で抱えていた状態で、重症化し入院や治療のためにはじめて、医療につながってからソーシャルワーカーの貢献により、福祉サービスにつながるきっかけになることもあります。医療機関でのソーシャルワーカーの役割はとても重要です。紹介を受けられない場合は、家族は困ったあげく、地域の家族会などのピアサポートに

つながりをもつことではじめて福祉の存在を知ることができ地域に応じた実際の生の情報を手に入れることができることが現実にあるのです。

5 きょうだいヤングケアラーの近くにいる大人への提言

最後に、きょうだいヤングケアラー問題の適切な支援が拡充されるために、本書のまとめとしてここに提言します。

●きょうだいヤングケアラーの近くにいる大人への提言
・各地方自治体が独自に調査を実施すること。
・当事者の障がい種別に応じた家族の実態を把握すること。

・きょうだい自身に啓発していくこと。
・きょうだい一人ひとりの気持ちに寄り添うこと。
・きょうだいが出したSOSを本気で受け取ること。
（相談機関のたらい回しにせず、発見から相談対応を一本化すること）
・家族ありきの当事者の自立支援から脱却すること。
・関係機関が親を最大限にサポートすること。
・福祉を必要な人に必要なだけ届けられること（福祉の足りない地域には充実を図ること）
・きょうだいに最大限の選択肢を与えていること。
・ピアサポートはオンラインのみならず地域ごとにも整備していくこと。
・学校中で外部機関の協力を得ながらピアサポートを実施していくこと。
・ピアサポートに必要な公的補助を充実させること。

胸を張って自分自身の人生が歩めるように——あとがきに変えて

「作業療法士の今のあなたは、高校生の自分にどんなふうに声をかけたい？」

と聞かれたことがありました。ヤングケアラーについての講座をしていた時のことでした。

「『あなたはどうしたいの？』と聞いてあげたい」

とっさに私は答えました。

「自分の気持ちを言っていいんだよ。自分で選んでいいんだよ」と伝えたいと思いました。

それは、今、当時の私のように家族のことを優先して、自分の本当の気持ちを封じ込めて、気づいていない「きょうだいヤングケアラー」の中学生や高校生にもかけたい言葉でもあります。

ヤングケアラー時代に私が経験した「入院か在宅か」「面倒みるのかみないのか」のような選択を迫るクローズドな会話ではなく、オープンな会話ができたら。「弟の私が面倒みます」「家族で支えます」というような周囲から求められた役割からくる模範的な答えで親代わりをすることはなく、はじめから互いに本音を言えるような本当の意味できょうだい関係が構築できたらと思ってしまいます。

さて現在は、私が動き出してやっとの想いで姉がグループホームにつながることができました。動き出してからそう簡単ではなく、入居まで4年かかりました。

それからの私は、趣味の釣りやバイクを楽しみ、きょうだい会やヤングケアラー活動をしながら、仕事をするという充実した生活を送ることができています。この本を書く生活の余裕ももてるようになり、やりたいことをあきらめず過ごせています。病院に入院している頃の姉は、「会いに来て」とよく私に言っていたのですが、今はむしろ「会いたいなら、会いに来て」と私が言えるようにもなりました。それが私にとってのほどよい距離感で、私自身の心の安寧を保つこともできています。

在宅でも入院でもない「グループホーム」という選択。「面倒みるのかみないのか」ではなく、「きょうだい」「親」「支援者」「専門家」といったたくさんの人で支える姉の暮らし。これはまた、姉にとっても、「権利の保護」と「社会参加」であると実感しています。

ここに至る4年間、私が一旦、姉の「保護者」を務めました。そうすることで、それまで途絶えていた旅行にも両親は行くことができるくらい余裕ができ、少し親孝行ができたかのような感覚でした。姉が発症してからは、旅行なんて考えもできませんでしたから。しかし、保護者を続けていると、弟の私が親のような厳しい態度をとらざるを得ない場面がたびたびありました。支援者との連絡調整にも日々奮闘し、仕事中に何度も電話をしなければならず、保護者役割を必死に担う中で、私は弟ではなく親になっていき、私自身の日常が失われていました。

忙しさに追われ、ふと我に返った時に私は自分の時間をつくれないことにとてつもない恐怖を感じました。そのことを素直に話し、両親に「保護者役割」を戻すことにしました。それと同時に、私だけではなく、両親をサポートしてくれる支援者や専門家につなぐことで、親の不安に寄り添いつつ親亡き後に備えようと思いました。しかし一度、支援者への信頼を喪失している両親に、再び支援者をつなぐことは、簡単なことではありませんでした。喧嘩や時に涙を流すという話し合いが何度も続きました。

おかげで、姉に会うのは、「年末年始に実家に帰ったから」「たまたま時間があったから」の姉弟関係に戻ることができました。今は、突然電話が来て緊急の対応を迫られることもあまりありません。このように、きょうだいにとっての家族との距離感は試行錯誤の連続だと思います。その時は最善策だと思っても、自分の置かれた状況やライフステージの変化によって、背負いきれない状況になることもあります。自分の時間をどれだけ割くか、自己犠牲をどこまで選択するのかも人それぞれです。

「きょうだい」「ヤングケアラー」ゆえに選んだ「作業療法士」という仕事。ヤングケアラーとケアラーの状況を発信していくと同時に、作業療法士的観点からもきょうだいや支援に携わる方に向けて、この現状を発信したいと思いました。

きょうだいにとっては、過去の体験を追体験したり、つらい表現があったりしたかもしれませんが、人生を振り返り、まわりを見つつ、前を向く機会にしていただけたら幸いです。きょうだいケアラーは、ヤングでは終わらない責任と葛藤を一生持ち続けるのですから。

私は作業療法に出会えてよかったと思います。ヤングケアラー時代に孤立し絶望していた私に、作業療法やリハビリテーションの視点が希望をもたらしてくれました。学ぶ過程でもたくさんの人にも出会わせてくれました。作業療法士のプロとしても、今までの経験を活かすこともできていて幸せを感じることができています。

高校生の頃に抱いていた純粋な夢はあきらめたけど、当時の私の最善の選択はこれでした。もしかして、あの時、わが家の問題に見通しが立っていたとしたら、違う未来もあったでしょう。どうか、これからの未来のあるきょうだいヤングケアラーにたくさんの選択肢を残してあげたい。

胸を張って自分自身の人生が歩めるように。

仲田海人

2021年9月

〈資　　料〉

「ヤングケアラー」の早期発見のためのアセスメントシート

埼玉県ケアラー支援条例（全文）

全国きょうだい支援団体

主要参考文献

2．家族の状況 →「ヤングケアラー」かの確認

①家族構成（同居している家族）

□ 母親	□ 父親
□ 祖母	□ 祖父
□ きょうだい（　　）人	□ その他（　　　　　　　　）

②サポートが必要な家族の有無とその状況

□ 特にいない

□ 高齢	□ 幼いきょうだいが多い
□ 障害がある	□ 親が多忙
□ 疾病がある	□ 経済的に苦しい
□ 精神疾患（疑い含む）がある	□ 生活能力・養育力が低い
□ 日本語が不自由	□ その他（　　　　　　　　）

③子どもが行っている家族等へのサポートの内容

□ 特にしていない

□ 身体的な介護	□ 生活費の援助
□ 情緒的な支援※	□ 通院や外出時の同行
□ きょうだいの世話	□ 金銭管理や事務手続き
□ 家事	□ 服薬管理・投与
□ 通訳（日本語・手話）	□ その他（　　　　　　　　）

※情緒的な支援とは 精神疾患や依存症などの家族の感情的なサポートの他、自殺企図などの話などを聞かされるなど、子どもにとって過大に負担になることなどを含みます

3．ヤングケアラーである子どもの状況 → サポートの実態を確認

①子どもがサポートしている相手

□ 母親	□ 父親
□ 祖母	□ 祖父
□ きょうだい	□ 家族全体
□ その他（　　　　）	

②子ども自身がサポートに費やしている時間

1日　　　　　　　　時間程度

③家庭内に子ども本人以外にサポートする人がいるか

□ いる　　　→ 誰か：
□ いない

4．子ども本人の認識や意向 → 子ども自身がどう思っているかの確認

①子ども自身が「ヤングケアラー」であることを認識しているか

□ 認識している
□ 認識していない

②家族の状況やサポートをしていることについて、誰かに話せているか

□ 話せている　→ 誰に：
□ 話せていない

③子ども本人が相談できる、理解してくれていると思える相手がいるか

□ いる　　　→ 誰か：
□ いない

④子ども本人がどうしたいと思っているか（想い・希望）

＊誌面の都合でレイアウトを改編しましたが、内容は変わりません。

「ヤングケアラー」の早期発見のためのアセスメントシート

初回作成日　　　年　　月　　日
最終更新日

ヤングケアラーとは
「本来大人が担うと想定されるような家事や家族の世話などを日常的に行っている子ども」のことをいいます。

0．子ども本人の基本情報

性別　　□男　□女　□その他（　　　　　）
年齢　　（　　　）歳

要対協登録　種別

1．本来守られるべき「子どもの権利」が守られているか
—子どもと関わりのある第三者が、ヤングケアラーの可能性のある子どもを発見するために

①健康に生きる権利

- □ 必要な病院に通院・受診できない、服薬できていない ★
- □ 精神的な不安定さがある ★
- □ 給食時に過食傾向がみられる（何度もおかわりをする） ★

（その他の気になる点）

- □ 表情が乏しい
- □ 家族に関する不安や悩みを口にしている
- □ 将来に対する不安や悩みを口にしている
- □ 極端に痩せている、痩せてきた
- □ 極端に太っている、太ってきた
- □ 生活リズムが整っていない
- □ 身だしなみが整っていないことが多い（季節に合わない服装をしている）
- □ 予防接種を受けていない
- □ 虫歯が多い

②教育を受ける権利

- □ 欠席が多い、不登校 ★
- □ 遅刻や早退が多い ★
- □ 保健室で過ごしていることが多い ★
- □ 学校に行っているべき時間に、学校以外で姿を見かけることがある ★

（その他の気になる点）

- □ 授業中の集中力が欠けている、居眠りしていることが多い
- □ 学力が低下している
- □ 宿題や持ち物の忘れ物が多い
- □ 保護者の承諾が必要な書類等の提出遅れや提出忘れが多い
- □ 学校（部活含む）に必要なものを用意してもらえない
- □ お弁当を持ってこない、コンビニ等で買ったパンやおにぎりを持ってくることが多い
- □ 部活に入っていない、休みが多い
- □ 修学旅行や宿泊行事等を欠席する
- □ 校納金が遅れる。未払い
- □ クラスメイトとのかかわりが薄い、ひとりでいることが多い
- □ 高校に在籍していない

③子どもらしく過ごせる権利

- □ 幼稚園や保育園に通園していない ★
- □ 生活のために（家庭の事情により）就職している ★
- □ 生活のために（家庭の事情により）アルバイトをしている ★
- □ 家族の介助をしている姿を見かけることがある ★
- □ 家族の付き添いをしている姿を見かけることがある ★
- □ 幼いきょうだいの送迎をしている姿をみかける ★

（その他の気になる点）

- □ 子どもだけの姿をよく見かける
- □ 年齢と比べて情緒的成熟度が高い
- □ ともだちと遊んでいる姿をあまり見かけない

埼玉県ケアラー支援条例（全文）

第1条（目的）

この条例は、ケアラーの支援に関し、基本理念を定め、県の責務並びに県民、事業者及び関係機関の役割を明らかにするとともに、ケアラーの支援に関する施策の基本となる事項を定めることにより、ケアラーの支援に関する施策を総合的かつ計画的に推進し、もって全てのケアラーが健康で文化的な生活を営むことができる社会を実現することを目的とする。

第2条（定義）

この条例において、次の各号に掲げる用語の意義は、当該各号に定めるところによる。

一　ケアラー　高齢、身体上又は精神上の障害又は疾病等により援助を必要とする親族、友人その他の身近な人に対して、無償で介護、看護、日常生活上の世話その他の援助を提供する者をいう。

二　ヤングケアラー　ケアラーのうち、十八歳未満の者をいう。

三　関係機関　介護、障害者及び障害児の支援、医療、教育、児童の福祉等に関する業務を行い、その業務を通じて日常的にケアラーに関わる可能性がある機関をいう。

四　民間支援団体　ケアラーの支援を行うことを目的とする民間の団体をいう。

第3条（基本理念）

1　ケアラーの支援は、全てのケアラーが個人として尊重され、健康で文化的な生活を営むことができるように行われなければならない。

2　ケアラーの支援は、県、県民、市町村、事業者、関係機関、民間支援団体等の多様な主体が相互に連携を図りながら、ケアラーが孤立することのないよう社会全体で支えるように行われなければならない。

3　ヤングケアラーの支援は、ヤングケアラーとしての時期が特に社会において自立的に生きる基礎を培い、人間として基本的な資質を養う重要な時期であることに鑑み、適切な教育の機会を確保し、かつ、心身の健やかな成長及び発達並びにその自立が図られるように行われなければならない。

第4条（県の責務）

1　県は、前条に定める基本理念（第六条第一項及び第七条第一項において「基本理念」という。）にのっとり、ケアラーの支援に関する施策を総合的かつ計画的に実施するものとする。

2　県は、ケアラーの支援における市町村の役割の重要性に鑑み、市町村がケアラーの支援に関する施策を実施する場合には、助言その他の必要な支援を行うものとする。

3　県は、第一項の施策を実施するに当たっては、市町村、事業者、関係機関、民間支援団体等と相互に連携を図るものとする。

第5条（県民の役割）

県民は、ケアラーが置かれている状況及びケアラーの支援の必要性についての理解を深め、ケアラーが孤立することのないように十分配慮するとともに、県及び市町村が実施するケアラーの支援に関する施策に協力するよう努めるものとする。

第6条（事業者の役割）

1　事業者は、基本理念にのっとり、ケアラーの支援の必要性についての理解を深め、その事業活動を行うに当たっては、県及び市町村が実施するケアラーの支援に関する施策に協力するよう努めるものとする。

2　事業者は、雇用する従業員がケアラーである可能性があることを認識するとともに、当該従業員がケアラーであると認められるときは、ケアラーの意向を尊重しつつ、勤務するに当たっての配慮、情報の提供その他の必要な支援を行うよう努めるものとする。

第7条（関係機関の役割）

1　関係機関は、基本理念にのっとり、県及び市町村が実施するケアラーの支援に関する施策に積極的に協力するよう努めるものとする。

2　関係機関は、その業務を通じて日常的にケアラーに関わる可能性がある立場にあることを認識し、関わりのある者がケアラーであると認められるときは、ケアラーの意向を尊重しつつ、ケアラーの健康状態、その置かれている生活環境等を確認し、支援の必要性の把握に努めるものとする。

3　関係機関は、支援を必要とするケアラーに対し、情報の提供、適切な支援機関への案内又は取次ぎその他の必要な支援を行うよう努めるものとする。

第8条（ヤングケアラーと関わる教育に関する業務を行う関係機関の役割）

1　ヤングケアラーと関わる教育に関する業務を行う関係機関は、その業務を通じて日常的にヤングケアラーに関わる可能性がある立場にあることを認識し、関わりのある者がヤングケアラーであると認められるときは、ヤングケアラーの意向を尊重しつつ、ヤングケアラーの教育の機会の確保の状況、健康状態、その置かれている生活環境等を確認し、支援の必要性の把握に努めるものとする。

2　ヤングケアラーと関わる教育に関する業務を行う関係機関は、支援を必要とするヤングケアラーからの教育及び福祉に関する相談に応じるとともに、ヤングケアラーに対し、適切な支援機関への案内又は取次ぎその他の必要な支援を行うよう努めるものとする。

第9条（ケアラーの支援に関する推進計画）

1　県は、ケアラーの支援に関する施策を総合的かつ計画的に推進するための計画（以下この条において「推進計画」という。）を策定するものとする。

2　推進計画は、次に掲げる事項について定めるものとする。

一　ケアラー及びヤングケアラーの支援に関する基本方針

二　ケアラー及びヤングケアラーの支援に関する具体的施策

三　前二号に掲げるもののほか、ケアラー及びヤングケアラーの支援に関する施策を推進するために必要な事項

3　県は、推進計画を定め、又は変更したときは、遅滞なくこれを公表するものとする。

第10条（広報及び啓発）

県は、広報活動及び啓発活動を通じて、県民、事業者及び関係機関が、ケアラーが置かれている状況、ケアラーの支援の方法等のケアラーの支援等に関する知識を深め、社会全体としてケアラーの支援が推進されるよう必要な施策を講ずるものとする。

第11条（人材の育成）

県は、ケアラーの支援の充実を図るため、相談、助言、日常生活の支援等のケアラーの支援を担う人材を育成するための研修の実施その他の必要な施策を

講ずるものとする。

第12条（民間支援団体等による支援の推進）

県は、民間支援団体その他のケアラーを支援している者が適切かつ効果的にケアラーの支援を推進することができるよう情報の提供、助言その他の必要な施策を講ずるものとする。

第13条（体制の整備）

県は、ケアラーの支援を適切に実施するため、ケアラーの支援に関する施策を総合的かつ計画的に実施するために必要な体制及び県、市町村、関係機関、民間支援団体等の相互間の緊密な連携協力体制の整備に努めるものとする。

第14条（財政上の措置）

県は、ケアラーの支援に関する施策を推進するため、必要な財政上の措置を講ずるよう努めるものとする。

主要参考文献

三冨紀敬著『イギリスの在宅介護者』ミネルヴァ書房、２０００年
澁谷智子著『ヤングケアラー――介護を担う子ども・若者の現実』中公新書、２０１８年
野坂祐子著『トラウマインフォームドケア――〝問題行動〟を捉えなおす援助の視点』日本評論社、２０１９年
ドナ・ジャクソン・ナガザワ著、清水由貴子訳『小児期トラウマがもたらす病――ＡＣＥの実態と対策』パンローリング、２０１８年
福島哲夫編『公認心理師必携テキスト』学研メディカル秀潤社、２０１８年
佐藤壹三監、清水順三郎・神郡博編『精神看護学① 精神看護学概論・精神保健』メヂカルフレンド社、２０１４年
「埼玉県ケアラー支援計画のためのヤングケアラー実態調査」(https://www.pref.saitama.lg.jp/a0609/chiikihoukatukea/jittaityousa.html)
『平成30年度　子ども・子育て支援推進調査研究事業　ヤングケアラーの実態に関する調査研究　報告書』三菱UFJリサーチ&コンサルティング (https://www.murc.jp/wpcontent/uploads/2019/04/koukai_190426_14.pdf)
『令和元年度　子ども・子育て支援推進調査研究事業　ヤングケアラーへの早期対応に関する研究　報告書』三菱ＵＦＪリサーチ＆コンサルティング (https://www.murc.jp/wpcontent/uploads/2020/04/koukai_200427_10_1.pdf)
『ヤングケアラーの支援に向けた福祉・介護・医療・教育の連携プロジェクトチーム報告』(https://www.mhlw.go.jp/content/000780548.pdf?fbclid=IwAR2vm0GJ67Xr69yH5G_7W65Czagh3E2DP9flFURBqeiE2NY2BPjaA2NfbMg)
「精神障害にも対応した地域包括ケアシステムの構築について」厚生労働省 (https://www.mhlw.go.jp/stf/seisakunitsuite/bunya/chiikihoukatsu.html)
「『地域共生社会』の実現に向けて」厚生労働省 (https://www.mhlw.go.jp/stf/seisakunitsuite/bunya/0000184346.html)
加藤司著『対人ストレスコーピングハンドブック――人間関係のストレスにどう立ち向かうか』ナカニシヤ出版、

２００８年
障害者福祉研究会『ＩＣＦ国際生活機能分類――国際障害分類改定版』中央法規出版、２００２年
「国際生活機能分類――国際障害分類改訂版」（日本語版）の厚生労働省ホームページ掲載についてhttps://www.mhlw.go.jp/houdou/2002/08/h0805-1.html
田島明子著『障害受容再考――「障害受容」から「障害との自由」へ』三輪書店、２００９年
小島操子著『看護における危機理論・危機介入――フィンク／コーン／アグィレラ／ムース／家族の危機モデルから学ぶ　第4版』金方堂、２０１８年
Ｍ・チクセントミハイ著、大森弘監訳『フロー体験入門――楽しみと創造の心理学』世界思想社、２０１０年
吉川ひろみ著『「作業」って何だろう――作業科学入門　第2版』医歯薬出版、２０１７年
アラン・ピーズ／バーバラ・ピーズ著、市中芳江訳『自動的に夢がかなっていくブレイン・プログラミング』サンマーク出版、２０１７年

編著者プロフィール

仲田　海人（なかた　かいと）
1993 年栃木県生まれ。作業療法士
とちぎきょうだい会代表
栃木県那須塩原市ケアラー協議会立ち上げメンバー
栃木県ケアラー支援推進協議会委員
埼玉県立大学保健医療福祉学部作業療法学科卒業
小学校高学年からきょうだいヤングケアラーとなる。そのことがきっかけで保健医療福祉の道に進む。精神科病院での作業療法士を経て現在は小児発達外来の作業療法士として勤務。その他、グループホームの相談役・第三者委員など地域福祉充実のために活動。
とちぎきょうだい会代表として集いと学習会を開催、家族支援に関する情報発信と講演活動をしている。
メールアドレス：kaito_nakata014@yahoo.co.jp

木村　諭志（きむら　さとし／主に Part1、2 を執筆）
1980 年生まれ、京都府出身。介護福祉士／看護師／保健師
埼玉県立大学　保健医療福祉学部　看護学科　精神看護学　助教
中学生できょうだいヤングケアラーとなる。そのことがきっかけで、保健・医療・福祉の道に進む。脳神経外科病棟、精神科病棟、高齢者施設等で勤務。現在は、きょうだいヤングケアラーの経験も活かしながら、看護教育やきょうだいの啓発活動を実践し、「精神疾患をもつ人のきょうだい研究」に取り組んでいる。

ヤングでは終わらないヤングケアラー
きょうだいヤングケアラーのライフステージと葛藤

2021年10月31日　初版発行
2023年 5 月20日　第3刷発行
編著者●ⓒ仲田海人・木村諭志
発行者●田島英二　taji@creates-k.co.jp
発行所●株式会社 クリエイツかもがわ
〒601-8382 京都市南区吉祥院石原上川原町21
電話 075(661)5741　FAX 075(693)6605
http://www.creates-k.co.jp
郵便振替　00990-7-150584
イラスト●山岡小麦
デザイン●菅田　亮
印 刷 所●モリモト印刷株式会社
ISBN978-4-86342-315-2 C0036　printed in japan

■ 好評既刊本

定価表示

あたし研究　自閉症スペクトラム～小道モコの場合　1980円
あたし研究2　自閉症スペクトラム～小道モコの場合　2200円

小道モコ／文・絵

自閉症スペクトラムの当事者が「ありのままにその人らしく生きられる」社会を願って語りだす―知れば知るほど私の世界はおもしろいし、理解と工夫ヒトツでのびのびと自分らしく歩いていける！

行動障害が穏やかになる「心のケア」

障害の重い人、関わりの難しい人への実践

藤本真二／著

●「心のケア」のノウハウと実践例

感覚過敏や強度のこだわり、感情のコントロール困難など、さまざまな生きづらさをかかえる方たちでも心を支えれば乗り越えて普通の生活ができる――。　2200円

発達障害者の就労支援ハンドブック

付録：DVD

ゲイル・ホーキンズ／著　森田美子／訳

長年の就労支援を通じて92%の成功を収めている経験と実績の支援マニュアル！　就労支援関係者の必読、必携ハンドブック！「指導のための4つの柱」にもとづき、「就労の道具箱10」で学び、大きなイメージ評価と具体的な方法で就労に結びつける！　3520円

生活困窮者自立支援も「静岡方式」で行こう!! 2

相互扶助の社会をつくる

津富宏・NPO 法人青少年就労支援ネットワーク静岡／編著

すべての人が脆弱性を抱える社会を生き抜くために、地域を編み直し、創り直すことで、地域が解決者になるための運動を提起する。　2200円

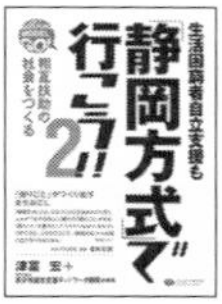

発達障害のバリアを超えて　新たなとらえ方への挑戦

漆葉成彦・近藤真理子・藤本文朗／著

マスコミや街の中であふれる「発達障害」「かくあるべき」正解を求められるあまり、生きづらくなっている人たちの「ほんとのところ」に迫る！「できる・できない」で評価するバリアに立ち向かう。　2200円

パワーとエンパワメント　ソーシャルワーク・ポケットブック

シヴォーン・マクリーン　ロブ・ハンソン／著　木全和巳／訳

なに？ なぜ？ どうしたら？ 3つの方法で学ぶ！　多忙を極めるソーシャルワーカー（社会福祉で働く人）たちが、利用者訪問の電車の中や会議が始まる前などの合間に気軽に、手軽に読め、自分の実践の振り返りと利用者への対応に役立つ。　1760円

当事者主動サービスで学ぶピアサポート

飯野雄治・ピアスタッフネットワーク／訳・編

●ピアサポートを体系的に学べるプログラム

科学的根拠に基づく実践プログラム（EBP）アメリカ合衆国の厚生労働省・精神障害部局（SAMHSA）が作成したプログラムを日本の制度や現状に沿うよう加筆、編集。　3300円

http://www.creates-k.co.jp/